Dr. Oetker
KÜCHEN-BIBLIOTHEK

Fleischgerichte

Rind

Schmackhaft und phantasievoll gekocht

Deftiges Rindfleisch - pikant gekocht und mit leckeren Soßen serviert, wird Ihnen bestimmt schmecken

Pikant geschmort in Topf und Pfanne

Saftige Braten, würziges Gulasch, leckeres Geschnetzeltes - durch Schmoren wird Rindfleisch delikat

Knusprig, herzhaft und saftig: Große Braten und Kurzgebratenes

Ob kurzgebratenes Filet oder knusprige Braten mit buntem Gemüse - für Liebhaber der festlichen wie schnellen Küche gibt es einiges zum Ausprobieren

Raffiniert und rustikal gegrillt

Appetitliches vom Grill findet immer seine Freunde. Ob auf den Holzkohlengrill gelegt oder unter den elektrischen Grill geschoben - Rindfleisch geht schnell und bringt Ihnen sicher Komplimente Seite 62

Kalb

Leicht und phantasievoll gekocht und geschmort

Kalb - ein Zauberwort für Feinschmecker - wird in verschiedenen Variationen vorgestellt. Mögen Sie es lieber flambiert, geschmort oder gekocht - eine Reihe Anregungen helfen Ihnen bei der Suche weiter Seite 66

Je zarter, je lieber - Kalbfleisch gebraten und gegrillt

Ob ein saftiger Braten oder ein Schnitzel - Kalbfleisch gilt im allgemeinen als Delikatesse Seite 78

Schwein

Köstliches und Würziges in Aspik

Lassen Sie sich von den Ideen in Aspik verführen Seite 90

Für Fleischliebhaber pikant gekocht und geschmort

Ob herzhaft, ländlich oder mit einem Hauch von Exotik - für Fleischliebhaber gibt es einiges zum Durchstöbern - zum Ausprobieren - zum Genießen Seite 96

Preiswert und beliebt aus Pfanne und Backofen

Schweinefleisch - beliebt wegen seines kräftigen, saftigen Geschmackes, läßt sich auf vielerlei Arten zubereiten. Wenn's schnell gehen soll, finden Sie in diesem Kapitel sicherlich etwas. Für nicht so Eilige warten herzhafte Braten aufs Ausprobieren Seite 114

Leicht und lecker gegrillt

Gegrillte Schweinebauchscheiben oder Rippchen vom Rost - Köstlichkeiten, mit denen Sie auf Grillfeten im Mittelpunkt des kulinarischen Interesses stehen werden Seite 144

Lamm

Deftig und delikat: Geschmortes Lammfleisch

Immer mehr Freunde findet das würzige und aromatische Lammfleisch, das viel Abwechslung bietet - und das nicht nur zur Osterzeit Seite 150

Mit Pfiff gebraten und gegrillt: Lammfleisch

Zartes Lammfleisch überzeugt. Gut gewürzt, mit pikanter Beilage, ist es ein Leckerbissen Seite 162

Küchenratgeber

Hier erfahren Sie alles über die verschiedensten Fleischstücke, woher sie kommen, was man am besten mit ihnen anfängt und wie man sie zubereitet. Seite 175

Im Küchen-Abc finden Sie die Erklärung zu küchentechnischen Ausdrücken Seite 188

Die Rezepte sind - wenn nicht anders angegeben - für 4 Personen berechnet.

Rind

Tafelspitz mit Bouillon-Kartoffeln und Schnittlauch-Soße

500 g Rindfleisch (aus der Hüfte)	unter fließendem kaltem Wasser abspülen, trockentupfen, in
1 l kochende Fleischbrühe	geben, zum Kochen bringen, mit
Salz	
frisch gemahlenem schwarzem Pfeffer	würzen, zugedeckt etwa 1 Stunde kochen lassen
2 mittelgroße Zwiebeln	abziehen, in Ringe schneiden
2 Bund Suppengrün	putzen, waschen, kleinschneiden
1 Bund Petersilie	abspülen, fein hacken, die Hälfte davon mit den Zwiebelringen, dem Suppengrün,
½ Lorbeerblatt	
3 Pfefferkörnern	zu dem Fleisch geben, noch eine weitere Stunde kochen lassen, das gare Fleisch aus der Brühe nehmen, in Alufolie wickeln, warm stellen
	für die Bouillon-Kartoffeln
500 g Kartoffeln	schälen, waschen
250 g Möhren	putzen, schrappen, waschen beide Zutaten in kleine Würfel schneiden, in
250 ml (¼ l) Fleischbrühe	zum Kochen bringen, etwa 5 Minuten kochen lassen
250 g Porree	putzen, waschen, zu Möhren und Kartoffeln geben, zum Kochen bringen, gar kochen lassen, mit Salz, Pfeffer würzen
	für die Soße
4 Eigelb	mit
4 Eßl. Weißwein	
100 g Crème fraîche	verrühren, mit
Salz	
frisch gemahlenem Pfeffer, Zucker	würzen im Wasserbad oder auf der Automatikplatte so lange schlagen, bis die Masse dicklich ist
2 Bund Schnittlauch	abspülen, trockentupfen, fein schneiden, unter die Soße heben das Fleisch auf einer vorgewärmten Platte anrichten, mit den Bouillon-Kartoffeln, der Schnittlauch-Soße servieren
Kochzeit für den Tafelspitz:	2–2¼ Stunden
Kochzeit für die Bouillon-Kartoffeln:	Etwa 25 Minuten.
Kochzeit für die Soße:	Etwa 10 Minuten.
Beigabe:	Salat-Platte.

Gekochtes Rindfleisch mit Apfel-Meerrettich

(Abb. rechts)

750 g Rindfleisch (aus der Hüfte)	unter fließendem kaltem Wasser abspülen, in
½ l kochendes Salzwasser	geben, zum Kochen bringen
1 Bund Suppengrün	putzen, waschen
1 Zwiebel	abziehen
1 Teel. Pfefferkörner	
2 Nelken	
1 Lorbeerblatt	
	die 5 Zutaten zu dem Fleisch geben, das Fleisch zum Kochen bringen, kochen lassen Suppengrün und Zwiebel nach etwa 30 Minuten Kochzeit herausnehmen das gare Fleisch aus der Brühe nehmen, in Scheiben schneiden, auf einer vorgewärmten Platte anrichten, warm stellen die Brühe durch ein Sieb gießen, das Suppengrün und die Zwiebel in wenig Brühe erhitzen, abtropfen lassen, zu dem Fleisch geben
½ Bund Schnittlauch	abspülen, trockentupfen, feinschneiden, über das Gemüse streuen.
	für die Apfel-Meerrettich-Soße
4 mittelgroße Äpfel	schälen, halbieren, entkernen, fein reiben, sofort mit dem

Saft von ½ Zitrone vermischen
3-4 Eßl. geriebenen Meerrettich (aus dem Glas) unterrühren, mit
Salz abschmecken.
Kochzeit: 1¼-1½ Stunden.
Beilage: Salzkartoffeln, Möhren-Gemüse.
Tip: Nach Belieben die Fleischbrühe als Vorsuppe servieren.

Pochiertes Rinderfilet

(Abb. S. 8/9)

750 g Rinderfilet unter fließendem kaltem Wasser abspülen, trockentupfen, von Haut und evtl. Fett befreien, mit
Salz, Pfeffer einreiben
mit Küchengarn fest zusammenbinden, dabei an einer Längsseite drei Schlaufen anbringen, dadurch einen Kochlöffel schieben (das Fleisch wird hängend in der Brühe pochiert, darf nicht den Topfboden berühren und muß mit Brühe bedeckt sein)
1½ l Rindfleischbrühe zum Kochen bringen, das Fleisch in die Brühe hängen, gar ziehen lassen (Wasser muß sich leicht bewegen)
das gare Fleisch herausnehmen, vom Küchengarn befreien, in Scheiben schneiden, mit
1 Eßl. grob geschrotetem Pfeffer bestreuen, mit
glatter Petersilie garnieren
Garzeit: Etwa 20 Minuten.
Beilage: Estragon-Kerbel-Hollandaise, Bouillon-Kartoffeln.

Marinierter Tafelspitz mit Kräuter-Senf-Soße

(Abb. oben)

1 kg Tafelspitz	unter fließendem kaltem Wasser abspülen, in
1½ l kochendes Wasser	geben, zum Kochen bringen
1 Bund Suppengrün	putzen, waschen
1 Zwiebel	abziehen beide Zutaten grob zerkleinern, mit
2 Lorbeerblättern **1 Eßl. Instant-Hühnerbrühe** **etwas Streuwürze**	zu dem Tafelspitz geben, ziehen lassen (nicht kochen) das gare Fleisch von der Kochstelle nehmen, in der Brühe etwa 24 Stunden stehen lassen
Kochzeit:	2-2½ Stunden
	für die Soße
1 Knoblauchzehe	abziehen, durchpressen, mit
140 g mildem Senf **2 Teel. Zucker** **frisch gemahlenem Pfeffer**	mit dem elektrischen Handrührgerät mit Pürierstab zu einer einheitlichen Masse schlagen, darunter nach und nach
300 ml Pflanzenöl	rühren, zum Schluß
125 ml (⅛ l) entfettete Fleischbrühe	unterrühren den Tafelspitz in dünne Scheiben schneiden, schichtweise mit der Senf-Soße bestreichen, mindestens 5 Stunden (über Nacht) durchziehen lassen

	die Soße von den Fleischscheiben etwas abstreifen
½ Bund Basilikum **1 Bund Kerbel** **½ Bund Petersilie**	die Kräuter abspülen, trockentupfen, die Blättchen von den Stielen streifen, grob hacken, unter die Senf-Soße rühren, mit dem elektrischen Handrührgerät mit Pürierstab pürieren, bis die Soße zartgrün ist
100 g Zwiebeln	abziehen, in hauchdünne Ringe schneiden die Fleischscheiben auf einer Platte anrichten, die Zwiebelringe darauf verteilen, etwas Soße darüber geben, den Rest dazureichen.
Beilage:	Bratkartoffeln mit Speck und Zwiebeln, mit frischen Majoranblättchen gewürzt.

Gekochte Rinderbrust mit Meerrettich-Soße

(Im Schnellkochtopf - Abb. unten)

500 g Rinderbrust **4 Markknochen**	unter fließendem kaltem Wasser abspülen, mit
1½ l kaltem Wasser	im offenen Schnellkochtopf zum Kochen bringen
1 Zwiebel	abziehen, halbieren, in
etwas zerlassener Margarine	hellgelb dünsten lassen
1 Bund Suppengrün	putzen, waschen, grob zerkleinern Fleisch, Zwiebel, Suppengrün zu den Markknochen geben, einige Minuten mitkochen lassen, dabei abschäumen den Schnellkochtopf schließen, garen lassen, das Fleisch in Scheiben schneiden, auf einer vorgewärmten Platte anrichten, warm stellen die Brühe durch ein Sieb gießen
	für die Meerrettich-Soße
30 g Butter	im offenen Schnellkochtopf zerlassen
40 g Weizenmehl	unter ständigem Rühren darin hellgelb dünsten lassen
500 ml (½ l) Fleischbrühe	hinzugießen, mit einem Schneebesen durchschlagen, darauf achten, daß keine Klumpen entstehen, die Soße zum Kochen bringen, etwa 5 Minuten kochen lassen
2 gehäufte Eßl. Meerrettich (aus dem Glas)	unter die Soße rühren, mit
Salz **Zitronensaft**	abschmecken, über das Fleisch geben
Garzeit für die Rinderbrust:	Etwa 45 Minuten.
Beilage:	Schnittlauch- oder Petersilien-Kartoffeln, glasierte Möhren oder gemischte Salatplatte.

Gepökelte Rinderbrust mit Rotkohl

(Im Schnellkochtopf - Abb. unten)

1 mittelgroße Zwiebel	abziehen, fein würfeln
2 Eßl. Schweineschmalz	im Schnellkochtopf erhitzen, die Zwiebelwürfel darin andünsten
600 g gepökelte Rinderbrust (in Scheiben)	unter fließendem kaltem Wasser abspülen, mit
125 ml (1/8 l) Fleischbrühe	
2 Nelken	
1 Stück Apfelsinenschale (unbehandelt)	in den Schnellkochtopf geben, mit
Pfeffer	
Zucker	würzen den Schnellkochtopf verschließen, etwa 20 Minuten garen lassen von
1 Kopf Rotkohl (etwa 800 g)	die äußeren Blätter entfernen, den Rotkohl achteln, den Strunk herausschneiden, den Kohl waschen, abtropfen lassen
400 g kleine Kochbirnen	schälen (nicht entstielen) den Schnellkochtopf öffnen, die Rotkohlachtel, die Birnen,
3-4 Eßl. Madeira	zu dem Fleisch geben, unterrühren, den Schnellkochtopf verschließen, weitere 10 Minuten garen lassen das Gericht evtl. mit Pfeffer, Zucker,
Salz	abschmecken
Garzeit:	30 Minuten.
Beilage:	Dampfkartoffeln oder Röstkartoffeln mit Kräutern.

Ochsenbrust mit grüner Quark-Soße

(Abb. rechts)

1 kg Ochsenbrust (ohne Knochen, leicht gepökelt)	unter fließendem kaltem Wasser abspülen, mit
1/2 Teel. Instant-Fleischbrühe	in
1 l kochendes Wasser	geben, zum Kochen bringen
1 Zwiebel	abziehen, mit
4 Nelken	spicken
1 Bund Suppengrün	putzen, waschen, grob zerkleinern beide Zutaten mit
1 Lorbeerblatt	
1/2 Teel. Pfefferkörner	zu der Ochsenbrust geben, zum Kochen bringen, gar kochen lassen das Fleisch herausnehmen, in Scheiben schneiden
	für die Soße
4 Eßl. Magermilchpulver	in
250 ml (1/4 l) Wasser	auflösen
500 g Speisequark (20%)	mit dem angerührten Magermilchpulver glattrühren
1 Zwiebel	
2 Knoblauchzehen	beide Zutaten abziehen, fein hacken, mit
1 Eßl. Kapern	
5 Eßl. gehackten Kräutern (Dill, Petersilie, Kerbel, Schnittlauch, Kresse, Sauerampfer, Borretsch, Zitronenmelisse, Pimpinelle)	unter den Quark rühren, mit
1/2-1 Teel. Salz	
1/4 Teel. frisch gemahlenem weißem Pfeffer	
1/2 Teel. Zucker	
3 Eßl. Zitronensaft	würzen
4 hartgekochte Eier	pellen, 3 Eier fein hacken, unterheben das restliche Ei in Scheiben schneiden, die Soße damit garnieren
Kerbel	darauf geben
Kochzeit:	2-2½ Stunden.
Beilage:	Pellkartoffeln.
Tip:	Die grüne Quark-Soße schmeckt auch ohne Fleisch. Mit Kartoffeln serviert, ist es ein schnelles, einfaches und leichtes Essen, das sich für einen heißen Sommertag anbietet.

Friesisches Pökelfleisch

(Abb. unten)

1 kg gepökelte Ochsenbrust	unter fließendem kaltem Wasser abspülen, in
1¾ l kochendes Salzwasser	geben, zum Kochen bringen, abschäumen
1 mittelgroße Zwiebel	abziehen, mit
1 Lorbeerblatt	spicken
1 Petersilienwurzel	putzen, schrappen, waschen
2 Wacholderbeeren	
einige weiße Pfefferkörner	die 5 Zutaten zu dem Fleisch geben, das Fleisch zum Kochen bringen
1 Möhre	putzen, schrappen, waschen
1 Stange Porree (Lauch)	putzen, waschen
1 Sellerieknolle	schälen, waschen
	das Gemüse kleinschneiden, nach etwa 1 Stunde Kochzeit hinzufügen
	das Fleisch gar kochen lassen
	das Fleisch aus der Brühe nehmen, etwa 10 Minuten stehenlassen, in etwa 1½ cm dicke Scheiben schneiden, auf einer vorgewärmten Platte anrichten, mit etwas von der Brühe übergießen

für die Meerrettich-Sahne

125 ml (1/8 l) Schlagsahne fast steif schlagen
4–5 Eßl. geriebenen Meerrettich (aus dem Glas) unterrühren, mit
Zitronensaft
Salz, Pfeffer abschmecken, zu dem Fleisch reichen
Kochzeit: Etwa 2 Stunden.
Beilage: Preiselbeeren, Apfelmus, Salzkartoffeln.

Zunge im Gemüsebett mit Kräuter-Sahne-Soße

(Abb. rechts)

1 Rinderzunge (etwa 1 1/4 kg) kurz unter fließendem kaltem Wasser abspülen, den Schlund abschneiden, die Zunge so lange unter fließendem kaltem Wasser abspülen und bürsten, bis der Schleim entfernt ist, in
1–1 1/2 l kochendes Salzwasser geben
1 Bund Suppengrün putzen, waschen, in Stücke schneiden, hinzufügen, die Zunge in etwa 2 Stunden gar kochen lassen (die Zunge ist gar, wenn sich die Spitze weich ansticht)
die Zunge kalt abspülen, die Haut abziehen, das Fleisch erkalten lassen

etwa 300 g Spargelstücke (aus der Dose)
etwa 250 g Erbsen (aus der Dose)
etwa 250 g Bohnen (aus der Dose)
etwa 250 g gewürfelte Karotten (aus der Dose) jedes Gemüse für sich abtropfen lassen (Spargel- und Karottenflüssigkeit auffangen), jeweils in eine Schüssel füllen
1 kleine Zwiebel abziehen, würfeln, mit
1 Eßl. feingeschnittenem Schnittlauch zu den Karotten geben
1 kleine Zwiebel abziehen, würfeln, mit
1 Messerspitze gerebeltem Bohnenkraut zu den Bohnen geben
1 Eßl. gehackte Petersilie zu den Erbsen geben
125 ml (1/8 l) Speiseöl
knapp 125 ml (1/8 l) Kräuteressig
Spargel- und Karottensaft zu einer Marinade verrühren, mit
Salz
Pfeffer
Zucker abschmecken, jede Gemüsesorte mit 1/4 der Marinade übergießen
die Gemüsesalate gut durchziehen lassen
die Zunge in schräge Scheiben schneiden, schuppenförmig in die Mitte einer großen Platte legen
die Gemüsesalate gut abschmecken, aus der Marinade nehmen,
auf beiden Seiten neben der Zunge anrichten

etwa 50 g Champignons (aus der Dose) abtropfen lassen, mit
Tomatenvierteln
Petersilie als Garnierung verwenden

für die Kräuter-Sahne-Soße

125 ml (1/8 l) Schlagsahne steif schlagen, mit
3 Eßl. Salatmayonnaise verrühren
1 Eßl. gehackte Petersilie
1 Eßl. feingeschnittenen Schnittlauch
1 Messerspitze gehackten Dill hinzufügen, mit Salz, Pfeffer, Zucker,
Zitronensaft abschmecken, die Zunge mit Kräuter-Sahne-Soße servieren
Kochzeit: Etwa 2 Stunden.
Beilage: Toast, Butter.

Mastochsenbrust im Liebstöckelsud

(Abb. oben)

2-2½ kg Mastochsen- oder Rinderbrust	
3 Sandknochen	beide Zutaten unter fließendem kaltem Wasser abspülen, in
2½ l Salzwasser	zum Kochen bringen, abschäumen
2 Möhren	putzen, schrappen
2 Stangen Porree	putzen, längs halbieren
1 Stück Sellerie	schälen
1 Stück Selleriegrün	das Gemüse waschen, in Würfel schneiden
1 Zwiebel	abziehen
4 Liebstöckelzweige	vorsichtig abspülen, mit dem gewürfelten Gemüse, der Zwiebel,
2 Lorbeerblättern	
2 Nelken	
einigen Pfefferkörnern	zu dem Fleisch geben, zum Kochen bringen, 2½-3 Stunden kochen lassen, verdampfte Flüssigkeit evtl. mit
heißem Wasser	auffüllen das gare Fleisch aus der Brühe nehmen, in Scheiben schneiden, auf einer vorgewärmten Platte anrichten die Brühe durch ein Sieb gießen, etwas davon über das Fleisch geben die restliche Brühe als Vorsuppe reichen
Garzeit:	2½-3 Stunden.
Beilage:	Brüh- oder Salzkartoffeln, Bunter Salat.

Ochsenschwanzragout mit glasierten Zwiebeln

1½ kg Ochsenschwanz (in Stücke gehackt)	unter fließendem kaltem Wasser abspülen, in
1 l kochendes Salzwasser	geben
2 Zwiebeln	abziehen, vierteln, mit
1 Lorbeerblatt	
2 Nelken	
5 Pimentkörner	hinzufügen, zum Kochen bringen, abschäumen, gar kochen lassen das Fleisch aus der Brühe nehmen, von den Knochen befreien, Haut und Knorpel entfernen
	für die Soße die Brühe durch ein Sieb gießen, 500 ml (½ l) davon abmessen
50 g Butter	zerlassen
60 g Weizenmehl	unter Rühren so lange darin erhitzen, bis es hell- bis dunkelbraun ist die Fleischbrühe,
125 ml (⅛ l) Rotwein	hinzugießen, mit einem Schneebesen durchschlagen, darauf achten, daß keine Klumpen entstehen, zum Kochen bringen, etwa 10 Minuten kochen lassen
etwa 5 Eßl. Madeira	unterrühren, die Soße mit
Salz	
Pfeffer	
Zucker	abschmecken, das Fleisch hinzufügen, mit erhitzen
	für die glasierten Zwiebeln
1 kg möglichst kleine Zwiebeln	abziehen

1½ Eßl. Butter	zerlassen
1 schwach gehäuften Eßl. Zucker	hinzufügen, unter Rühren hell bräunen lassen
125 ml (⅛ l) Fleischbrühe	hinzugießen, so lange rühren, bis sich der Zucker ganz gelöst hat, die Zwiebeln hinzufügen, mit Salz würzen, im geschlossenen Topf gar dünsten lassen, ab und zu durchschwenken sobald die Zwiebeln gar sind, die Flüssigkeit im offenen Topf einkochen lassen (Zwiebeln dabei öfter schwenken) das Ochsenschwanzragout in eine Schüssel geben, mit einem Kranz von Zwiebeln umgeben, die restlichen Zwiebeln dazureichen
Kochzeit für den Ochsenschwanz:	Etwa 2 Stunden
Garzeit für die Zwiebeln:	Etwa 30 Minuten.
Beilage:	Kartoffelbrei oder Kartoffelklöße.

Rinderzungenragout

(6 Portionen - Abb. unten)

1¼ kg Rinderzunge	unter fließendem kaltem Wasser abspülen, in
2½ l kochendes Salzwasser	geben, zum Kochen bringen, abschäumen
1 Päckchen tiefgekühltes Suppengrün (75 g)	hinzufügen, die Zunge gar kochen lassen (die Zunge ist gar, wenn sich die Spitze weich ansticht) die gare Zunge mit kaltem Wasser abspülen, die Haut abziehen, solange die Zunge heiß ist das obere knorpelige Ende ablösen die Zunge in Scheiben oder Würfel schneiden die Brühe durch ein Sieb gießen, 1 l davon abmessen, die Zunge in die restliche heiße Brühe geben
	für die Fleischklößchen
1 Eßl. Margarine	schaumig rühren
50 g Gehacktes **1 Eigelb** **Salz, Pfeffer** **2 Eßl. Semmelmehl**	hinzufügen, verrühren, aus der Masse mit nassen Händen Klößchen formen die Klößchen in
kochendes Salzwasser	geben, gar ziehen lassen
	für die Soße
100 g Margarine	zerlassen
100 g Weizenmehl	unter Rühren so lange darin erhitzen, bis es braun ist
1 l Zungenbrühe	hinzugießen, mit einem Schneebesen durchschlagen, darauf achten, daß keine Klumpen entstehen, die Soße zum Kochen bringen, etwa 5 Minuten kochen lassen, die Zungenscheiben mit den Fleischklößchen in die Soße geben, kurz aufkochen lassen, das Ragout mit
Salz, Pfeffer, Zucker	abschmecken
250 ml (¼ l) Rotwein	unterrühren
300 g gedünstete Champignons	abtropfen, vierteln, in das Ragout geben
Blätterteighalbmonde	darauf geben
Kochzeit:	Etwa 2½ Stunden.

Pikant geschmort in Topf und Pfanne

Sauerbraten auf westfälische Art

(In der Schnellbratpfanne - Abb. unten)

1 kg Rindfleisch (aus der Keule, ohne Knochen) unter fließendem kaltem Wasser abspülen, trockentupfen, mit
Pfeffer
gemahlener Gewürznelke einreiben, in eine Schüssel legen

für die Marinade

2 mittelgroße Zwiebeln abziehen, kleinschneiden
1 Bund Suppengrün putzen, kleinschneiden, waschen
beide Zutaten mit
5 Pimentkörnern (Nelkenpfeffer)
2 Gewürznelken
einigen Pfefferkörnern
2 Lorbeerblättern
1 Zweig Thymian zu dem Fleisch geben
250 ml (¼ l) Weißwein mit
250 ml (¼ l) Wein-Essig verrühren, über das Fleisch gießen (Fleisch muß bedeckt sein), zugedeckt 2-3 Tage an einem kühlen Ort stehenlassen, das Fleisch ab und zu wenden
das genügend gesäuerte Fleisch trockentupfen, mit Pfeffer,
Salz einreiben
50 g fetten Speck in Würfel schneiden, in einer Schnellbratpfanne auslassen, das Fleisch von allen Seiten gut darin anbraten
die Marinade durch ein Sieb gießen, 250 ml (¼ l) davon abmessen
das Gemüse zu dem Fleisch geben, gut durchdünsten lassen
125 ml (⅛ l) Marinade hinzugießen
40 g zerkrümelten Pumpernickel
1 Stück gelbe

Zitronenschale (unbehandelt)
40 g verlesene Rosinen — hinzufügen, die Schnellbratpfanne schließen
den Kochregler erst dann auf Stufe 2 schieben, wenn reichlich Dampf entwichen ist (nach etwa 1 Minute)
nach Erscheinen des zweiten Ringes das Fleisch etwa 30 Minuten garen lassen
die Schnellbratpfanne von der Kochstelle nehmen
den Kochregler langsam stufenweise zurückziehen, die Schnellbratpfanne öffnen
das Fleisch in Scheiben schneiden, auf einer vorgewärmten Platte anrichten, warm stellen

10 g Weizenmehl — mit
2 Eßl. kaltem Wasser — anrühren, die Flüssigkeit damit binden, die Soße mit
Salz, Pfeffer,
Zucker — abschmecken
Garzeit: Etwa 30 Minuten.
Beilage: Rotkohl-Gemüse oder Bohnen-Gemüse, Kartoffel-Klöße.

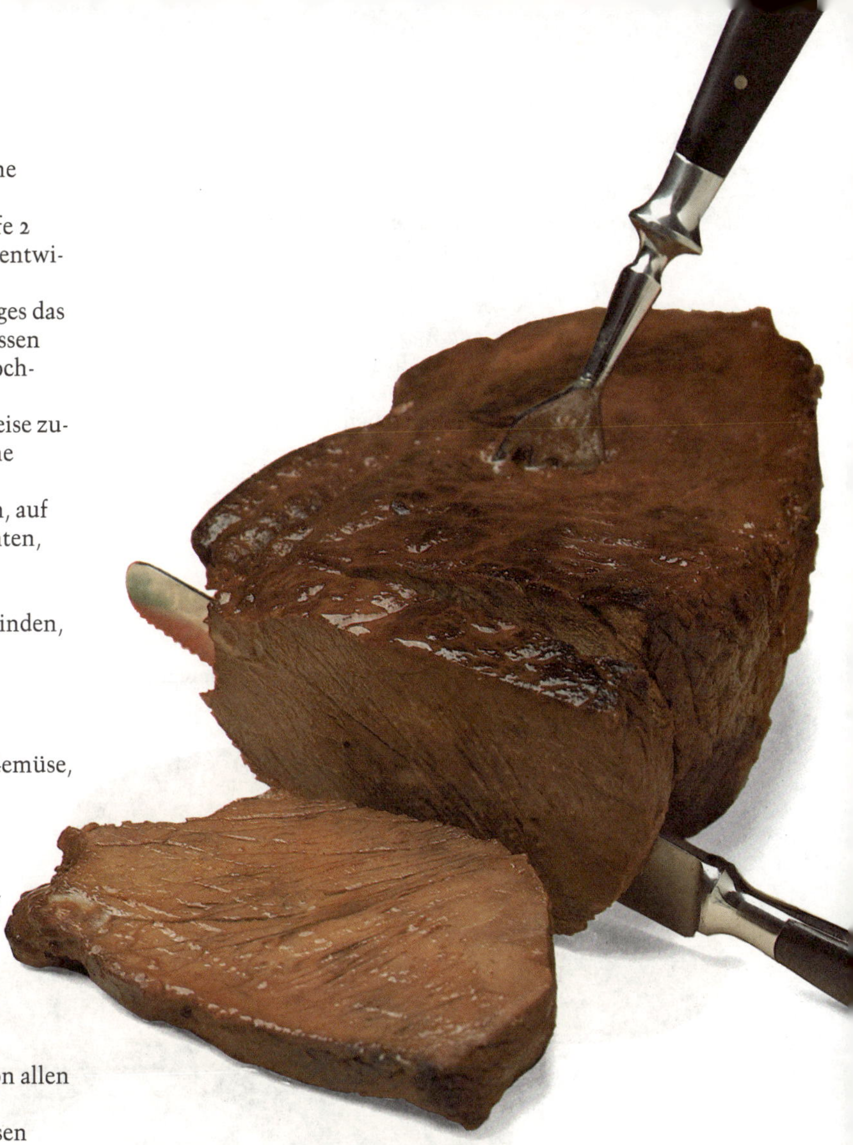

Schmorbraten »chinesisch«

750 g Rindfleisch (aus der Hüfte) — unter fließendem kaltem Wasser abspülen, trockentupfen, mit
Salz, Pfeffer — einreiben
50 g fetten Speck — würfeln, auslassen, das Fleisch von allen Seiten darin anbraten
1 Zwiebel — abziehen, würfeln, mitbraten lassen
etwas von
500 ml (½ l) heißem Wasser — hinzugießen, das Fleisch zugedeckt schmoren lassen, ab und zu wenden, verdampfte Flüssigkeit nach und nach ersetzen
3 Eßl. getrocknete chinesische Pilze — in
etwas Wasser — einweichen lassen, abtropfen lassen, zu dem Fleisch geben (Garzeitangabe auf der Packung beachten)
etwa 170 g Sojabohnenkeimlinge (aus der Dose) — abspülen, abtropfen lassen, etwa 10 Minuten vor Beendigung der Garzeit zu dem Fleisch geben
das gare Fleisch herausnehmen, auf einer vorgewärmten Platte anrichten, warm stellen
1 Eßl. Weizenmehl — mit
3 Eßl. Schlagsahne — anrühren, die Schmorflüssigkeit damit binden
2 Eßl. Weißwein — unterrühren, die Soße mit
Chinagewürz
Zucker — abschmecken
Schmorzeit: Etwa 2 Stunden.
Beilage: Chinakohl-Gemüse oder -Salat, Reis.

Rinderschmorbraten

1 kg Rindfleisch (Schwanzstück, Blume) — unter fließendem kaltem Wasser abspülen, trockentupfen
1 Bund Suppengrün — putzen, waschen
1 Zwiebel — abziehen
1 Tomate — waschen
die 3 Zutaten kleinschneiden
50 g Fett — erhitzen, das Fleisch von allen Seiten gut darin anbraten, mit
Salz — bestreuen, die Zutaten hinzufügen, kurz miterhitzen, etwas von
125–375 ml (⅛–⅜ l) heißem Wasser — hinzugießen, das Fleisch schmoren lassen, von Zeit zu Zeit wenden, verdampfte Flüssigkeit nach und nach ersetzen
das gare Fleisch in Scheiben schneiden, auf einer vorgewärmten Platte anrichten
den Bratensatz nach Bedarf mit Wasser auffüllen, durch ein Sieb gießen, entfetten, zum Kochen bringen, mit
Weizenmehl — binden
Schmorzeit: Etwa 2½ Stunden.
Beilage: Kartoffelkroketten, Butterböhnchen.

Sauerbraten

(Abb. unten)

1 kg Rindfleisch (aus der Keule)	unter fließendem kaltem Wasser abspülen, trockentupfen, in eine Schüssel legen
	für die Marinade
1 mittelgroße Zwiebel	abziehen, in Scheiben schneiden
1 Bund Suppengrün	putzen, waschen, kleinschneiden, die Zutaten mit
15 Pfefferkörnern	
5 Pimentkörnern (Nelkenpfeffer)	
3 Nelken	
1 Lorbeerblatt	zu dem Fleisch geben
250 ml (¼ l) Essig	mit
375 ml (⅜ l) Wasser	verdünnen, über das Fleisch gießen (Fleisch muß bedeckt sein), zugedeckt etwa 4 Tage an einem kühlen Ort stehen lassen, das Fleisch ab und zu wenden
	das genügend gesäuerte Fleisch trockentupfen
50 g Pflanzenfett	erhitzen, das Fleisch von allen Seiten gut darin anbraten, mit
Salz, Pfeffer	bestreuen, das abgetropfte Suppengrün hinzufügen, mitbraten lassen
	die Hälfte der Marinade mit
500 ml (½ l) heißem Wasser	mischen, etwas davon zu dem Fleisch gießen, das Fleisch schmoren lassen, von Zeit zu Zeit wenden, verdampfte Flüssigkeit nach und nach ersetzen
	das gare Fleisch in Scheiben schneiden, auf einer vorgewärmten Platte anrichten, warm stellen, den Bratensatz durch ein Sieb gießen, nach Belieben mit Flüssigkeit auffüllen, zum Kochen bringen
etwas Weizenmehl	mit
kaltem Wasser	anrühren, den Bratensatz damit binden, mit Salz, Pfeffer,
Zucker	abschmecken
Schmorzeit:	Etwa 2½ Stunden.
Veränderung:	Die Soße mit eingeweichten Rosinen, abgezogenen, gehobelten, gebräunten Mandeln und Crème fraîche verfeinern.
Beilage:	Kartoffelklöße oder Makkaroni, Rotkohl.

Würziger Schmorbraten

(Etwa 6 Portionen)

1½ kg Ochsenfleisch (aus der Schulter)	unter fließendem kaltem Wasser abspülen, mit
1 l Rotwein	übergießen (Fleisch muß bedeckt sein), zugedeckt etwa 48 Stunden durchziehen lassen, ab und zu wenden
2 Möhren	
1 Petersilienwurzel	beide Zutaten putzen, schrappen, waschen, kleinschneiden
200 g Sellerieknolle	schälen, waschen, kleinschneiden
3 Zwiebeln	abziehen, würfeln
4 Tomaten	kurze Zeit in kochendes Wasser legen (nicht kochen lassen), in kaltem Wasser abschrecken, enthäuten, die Stengelansätze entfernen, die Tomaten in Würfel schneiden das Fleisch aus der Marinade nehmen, trockentupfen, mit
Salz, Pfeffer gemahlenem Rosmarin gerebeltem Majoran 1 abgezogenen zerdrückten Knoblauchzehe	einreiben
4 Eßl. Speiseöl	in einem Bratentopf erhitzen, das Fleisch von allen Seiten gut anbraten, mit
100 g fettem Speck (in Scheiben)	bedecken das kleingeschnittene Gemüse in dem Bratfett kurz anbraten
2 gestrichene Eßl. Tomatenmark (aus der Dose)	unterrühren, miterhitzen
500 ml (½ l) Rotwein-Marinade	hinzugießen den Bratentopf auf dem Rost in den vorgeheizten Backofen schieben, das Fleisch gar schmoren lassen, evtl. noch etwas
Rotwein-Marinade	hinzugießen das gare Fleisch auf einer vorgewärmten Platte anrichten, warm stellen den Bratensatz mit dem Gemüse durch ein Sieb streichen, mit Salz, Pfeffer, Rosmarin, Majoran abschmecken.
2 Eßl. Crème fraîche	unterrühren
Schmorzeit:	Etwa 2½ Stunden.
Beilage:	Salzkartoffeln, Grüne Bohnen oder Broccoligemüse.

Schmorbraten mit Staudensellerie

(Abb. oben)

750 g Rindfleisch	unter fließendem kaltem Wasser abspülen, trockentupfen, mit
Salz, Pfeffer	einreiben
4 Eßl. Speiseöl	erhitzen, das Fleisch darin anbraten
1 Bund Suppengrün	putzen, waschen, hinzufügen, durchdünsten
1 Teel. Paprika edelsüß	hinzufügen etwas von
125–250 ml (⅛–¼ l) Instant-Fleischbrühe	mit etwas von
375 ml (⅜ l) hellem Bier	hinzugießen, das Fleisch schmoren lassen, von Zeit zu Zeit wenden, verdampfte Flüssigkeit nach und nach ersetzen
2 Möhren	putzen, schrappen, waschen, in Würfel schneiden von
500 g Staudensellerie	die einzelnen Stengel am Wurzelansatz abschneiden, bei den äußeren kräftigen Stengeln evtl. die gröbsten Fasern abziehen, die Stengel waschen, in Stücke schneiden
250 g kleine Zwiebeln	abziehen das Gemüse etwa 45 Minuten vor Beendigung der Schmorzeit zu dem Fleisch geben, mitschmoren lassen das gare Fleisch in Scheiben schneiden, mit dem Gemüse auf einer vorgewärmten Platte anrichten, warm stellen den Bratensatz mit
125–250 ml (⅛–¼ l) Schlagsahne	loskochen die Flüssigkeit etwas einkochen lassen die Soße evtl. mit Salz, Pfeffer,
Paprika edelsüß	abschmecken, nach Belieben über das Fleisch und Gemüse geben oder getrennt dazureichen
Schmorzeit:	Etwa 2 Stunden.

Kalter Rinderbraten mit pikanter Soße

(Abb. unten)

1½ kg Rinderschmorbraten	unter fließendem kaltem Wasser abspülen, trockentupfen, mit
Salz	
frisch gemahlenem Pfeffer	einreiben
3 Eßl. Speiseöl	erhitzen, das Fleisch darin anbraten
2 Zwiebeln	
1 Knoblauchzehe	beide Zutaten abziehen, würfeln sobald der Bratensatz bräunt, Zwiebel- und Knoblauchwürfel zu dem Fleisch geben, mitbraten lassen
250 ml (¼ l) Wasser	hinzugießen
2 Eßl. Tomatenmark (aus der Dose)	unterrühren, das Fleisch schmoren lassen, von Zeit zu Zeit wenden, verdampfte Flüssigkeit nach und nach ersetzen das gare Fleisch erkalten lassen, in Scheiben schneiden, auf einer großen Platte anrichten, den Bratensatz durch ein Sieb streichen, erkalten lassen von
1 Bund Staudensellerie	die einzelnen Stengel am Wurzelansatz abschneiden, das Grün abschneiden, beiseite legen, von den äußeren Stengeln evtl. die gröbsten Fäden abziehen, die Stengel und das Grün waschen, in
kochendes Salzwasser	geben, zum Kochen bringen, etwa 5 Minuten kochen lassen, herausnehmen, sofort in Eiswasser geben (Farbe bleibt erhalten), herausnehmen, abtropfen lassen, zu dem Fleisch geben, mit dem Staudenselleriegrün garnieren
	für die Soße
2 hartgekochte Eier	pellen, mit dem abgekühlten Bratensatz,
125 ml (⅛ l) Tomatenketchup	
2 Eßl. Essig	
2 Eßl. Speiseöl	
1 Teel. grünen Pfefferkörnern	verrühren
2 Tomaten	waschen, die Stengelansätze herausschneiden, die Tomaten halbieren, entkernen, würfeln, unter die Soße rühren, mit
Salz	abschmecken, zu dem Fleisch reichen
Schmorzeit für das Fleisch:	2½-3 Stunden
Kochzeit für den Staudensellerie:	Etwa 5 Minuten.
Tip:	Zu kaltem Rinderbraten mit pikanter Soße Röstkartoffeln und gemischten Salat reichen.

Rindfleisch auf bürgerliche Art

(Abb. rechts)

1 kg Rindfleisch, mit Speck umwickelt	mit
Salz	
frisch gemahlenem Pfeffer	einreiben
1 Kalbsfuß	
250 g Kalbsknochen	beide Zutaten unter fließendem kaltem Wasser abspülen, trockentupfen
2 mittelgroße Möhren	putzen, schrappen, waschen, in Würfel schneiden
2 Tomaten	kurze Zeit in kochendes Wasser legen (nicht kochen lassen), in kaltem Wasser abschrecken, enthäuten, die Stengelansätze entfernen, die Tomaten in Scheiben schneiden
3 mittelgroße Zwiebeln	abziehen, würfeln
50 g Margarine oder Butterschmalz	erhitzen, das Fleisch mit dem Kalbsfuß, den Knochen darin anbraten, die Möhrenwürfel, die Tomatenscheiben, die Zwiebelwürfel hinzufügen, durchdünsten lassen
1 Eßl. Weizenmehl	darüber stäuben
125 ml (⅛ l) Weißwein	mit
125 ml (⅛ l) Wasser	
1 Lorbeerblatt	
gerebeltem Thymian	
1 gewaschenen Petersilienstengel	
2 abgezogenen Knoblauchzehen	hinzufügen, mit Salz, Pfeffer würzen, das Fleisch im geschlossenen Topf schmoren lassen das Fleisch ab und zu wenden, von Zeit

zu Zeit mit der Schmorflüssigkeit und etwas Rotwein begießen
das gare Fleisch in Scheiben schneiden, auf einer vorgewärmten Platte anrichten, warm stellen

für die Soße
die Schmorflüssigkeit mit dem Gemüse durch ein Sieb streichen, evtl. mit

Wasser	auffüllen, zum Kochen bringen, die Gemüsesoße mit Salz, Pfeffer,
Worcestersauce	abschmecken, über das Fleisch geben, mit
1 Eßl. frisch gehackter Petersilie	bestreuen
Schmorzeit:	1 ¾–2 Stunden.
Beilage:	Salzkartoffeln, gedünstete Tomaten, Erbsen-Gemüse.

Bunter Gulaschtopf

(2 Portionen - Abb. oben)

300 g Rindfleisch (aus der Keule) unter fließendem kaltem Wasser abspülen, trockentupfen, in Würfel schneiden

2-3 Eßl. Speiseöl erhitzen, die Fleischwürfel darin anbraten, mit

Salz, Pfeffer
Paprika edelsüß würzen

125 ml (1/8 l) heißes Wasser
125 ml (1/8 l) Rotwein hinzugießen, das Fleisch schmoren lassen, verdampfte Flüssigkeit durch

heißes Wasser ersetzen, so daß das Fleisch immer knapp mit Flüssigkeit bedeckt ist

4 kleine Paprikaschoten (rot und grün) halbieren, entstielen, entkernen, die weißen Scheidewände entfernen, die Schoten waschen

2 große Zwiebeln abziehen
beide Zutaten in Streifen schneiden
wenn das Fleisch etwa 45 Minuten geschmort hat, das Gemüse hinzufügen, etwa 30 Minuten mitschmoren lassen

100 g gedünstete Champignons
100 g gedünstete Schwarzwurzelstücke zu dem Gulasch geben, miterhitzen
die Schmorflüssigkeit einkochen lassen, bis eine sämige Soße entstanden ist
den Gulaschtopf mit Salz, Pfeffer, Paprika abschmecken, mit

gehackter Petersilie bestreuen

Schmorzeit: Etwa 80 Minuten.
Beigabe: Bauernbrot.

Rindfleischscheibchen mit Gemüse

(Abb. rechts)

Für die Marinade

125 ml (1/8 l) Instant-Fleischbrühe
2 Eßl. Weinbrand
2 Eßl. Zitronensaft
2 Eßl. Speiseöl
1 abgezogene, zerdrückte Knoblauchzehe
Salz
frisch geschroteter weißer Pfeffer
die Zutaten miteinander verrühren

600 g Rindfleisch (aus der Keule) unter fließendem kaltem Wasser abspülen, trockentupfen, in dünne Scheiben schneiden, in die Marinade geben, zugedeckt etwa 2 Stunden stehenlassen, das Fleisch evtl. einmal wenden

2 Stangen Porree (Lauch) putzen, gründlich waschen, in Scheiben schneiden, nochmals waschen

4 mittelgroße Möhren putzen, schrappen, waschen, in dünne Streifen schneiden

200 g Champignons putzen, waschen, in Scheiben schneiden, die Fleischscheiben aus der Marinade nehmen, gut abtropfen lassen, die Marinade aufbewahren

2 Eßl. Margarine erhitzen, das Fleisch unter Wenden gut darin anbraten
das Gemüse nach und nach hinzufügen, unter ständigem Wenden etwa 5 Minuten dünsten lassen

250 ml (1/4 l) heiße Instant-Fleischbrühe mit der Marinade zu dem Fleisch geben

1 Teel. gerebelten Estragon
1 Teel. gerebelte Zitronenmelisse hinzufügen, zugedeckt etwa 30 Minuten schmoren lassen, mit

1-2 Teel. Soja-Soße abschmecken

Garzeit: Etwa 45 Minuten.
Beilage: Reis.

Feines Ochsengulasch mit Aprikosen

(Abb. links)

750 g Ochsenfleisch (Schwanzstück oder falsches Filet)	unter fließendem kaltem Wasser abspülen, trockentupfen, in etwa 3 cm große Würfel schneiden
1 große Zwiebel	abziehen, würfeln
4 Eßl. Speiseöl	erhitzen, die Fleischwürfel darin kräftig anbraten, Zwiebelwürfel hinzufügen, mitbräunen lassen, mit
Salz Pfeffer	würzen
250 ml (¼ l) Wasser 375 ml (⅜ l) Weißwein 1 Eßl. eingelegten grünen Pfeffer	hinzufügen, das Fleisch schmoren lassen
250 g Aprikosen (aus der Dose)	abtropfen lassen, die Hälfte der Aprikosen pürieren etwa 15 Minuten vor Beendigung der Schmorzeit Aprikosenpüree und -hälften zu dem Fleisch geben
1 Becher (150 g) Crème fraîche	unterrühren, mit Salz, Pfeffer,
gemahlenem Zimt	abschmecken
Schmorzeit:	Etwa 70 Minuten.

Geschnetzeltes Ochsenfleisch auf chinesische Art

(Abb. unten rechts)

600 g Ochsenfleisch (aus der Keule)	unter fließendem kaltem Wasser abspülen, trockentupfen, zunächst in dünne Scheiben, dann in Streifen schneiden mit
4 Eßl. Soja-Soße 2 Eßl. Reiswein	verrühren das Fleisch in die Marinade geben, etwa 30 Minuten darin ziehen lassen die Fleischstreifen herausnehmen, abtropfen lassen, in
2-3 Eßl. Speisestärke	wenden (die Marinade aufbewahren)
250 ml (¼ l) Speiseöl	erhitzen, die Fleischstreifen portionsweise darin braten, abtropfen lassen, warm stellen das Bratenfett bis auf etwa 5 Eßl. aus der Pfanne gießen
1 Stange Porree (etwa 160 g)	putzen, gründlich waschen, in Streifen schneiden, evtl. nochmals waschen, abtropfen lassen
etwa 250 g Bambussprossen (aus der Dose)	abtropfen lassen, in Streifen schneiden Porree- und Bambusstreifen in dem Fett anbraten, die Marinade,
250 ml (¼ l) heißes Wasser	hinzugießen
1-2 Eßl. eingeweichte, chinesische Pilze	hinzufügen, miterhitzen das gebratene Fleisch hineingeben, schmoren lassen, mit Salz,
Ingwerpulver	abschmecken
Schmorzeit:	10-15 Minuten.
Beilage:	Körniger Reis.

Pikante Rinderrouladen

(Abb. unten)

4 Scheiben Rindfleisch (je etwa 200 g, aus der Keule geschnitten) leicht klopfen, mit
Senf bestreichen, mit
Salz
Pfeffer
Paprika edelsüß bestreuen
1 Gewürzgurke längs halbieren
60 g durchwachsenen Speck in Streifen schneiden
2 Zwiebeln abziehen, halbieren, in Scheiben schneiden
die Zutaten auf die Fleischscheiben geben, von der schmalen Seite her aufrollen, mit einer Bratennadel oder Küchengarn zusammenhalten
2 Eßl. Schweineschmalz erhitzen, die Rouladen von allen Seiten gut darin anbraten
etwas heißes Wasser hinzugießen, die Rouladen etwa 30 Minuten schmoren lassen
1 Bund Suppengrün putzen, waschen, kleinschneiden, zu den Rouladen geben, mitschmoren lassen, von Zeit zu Zeit wenden, verdampfte Flüssigkeit nach und nach durch
etwa 125 ml (1/8 l) Rotwein oder Instant-Fleischbrühe ersetzen
aus den Rouladen die Bratennadeln ziehen oder das Küchengarn entfernen
die Schmorflüssigkeit mit dem Suppengrün durch ein Sieb streichen
1–2 Eßl. Crème fraîche unterrühren, einmal aufkochen lassen, die Soße mit Salz, Pfeffer, Paprika edelsüß,
Weinbrand abschmecken
Schmorzeit: Etwa 1½ Stunden.
Beilage: Nudeln, gemischter Salat oder Rotkohl-Gemüse mit Preiselbeeren.

NELKEN

Rindergulasch nach griechischer Art

(Abb. links)

1 kg Rindfleisch	unter fließendem kaltem Wasser abspülen, trockentupfen, in grobe Würfel schneiden
6 Eßl. Olivenöl	erhitzen, das Fleisch von allen Seiten darin gut anbraten
4 große Tomaten	kurze Zeit in kochendes Wasser legen (nicht kochen lassen), in kaltem Wasser abschrecken, enthäuten, die Stengelansätze herausschneiden, die Tomaten kleinschneiden, zu dem Fleisch geben, zugedeckt etwa 1 Stunde schmoren lassen, evtl. etwas
Wasser	zugeben
750 g kleine Zwiebeln	abziehen
4 Eßl. Olivenöl	erhitzen, die Zwiebeln darin braun braten, in den Fleischtopf geben
1-2 Knoblauchzehen	abziehen, fein hacken, mit
4 Eßl. Weinessig	
4 Gewürznelken	
½ Zimtstange	unter das Fleisch rühren, mit
Salz	
Pfeffer	würzen, gar schmoren lassen
Schmorzeit:	Etwa 1¾-2 Stunden.

Gefüllter Schmorbraten

1 kg Rindfleisch (dickes Bugstück)	unter fließendem kaltem Wasser abspülen, trockentupfen, das Bratenstück auf der Oberseite dreimal bis zur Mitte einschneiden, mit
Pfeffer, Salz	bestreuen
2 Eßl. Senf	mit
3 Eßl. gehackten Kräutern (Dill, Petersilie, Schnittlauch)	
1 Eßl. Semmelbrösel	
Salz, Pfeffer	verrühren, in die Einschnitte streichen
50 g dünne, fette Speckscheiben	über die Einschnitte legen, das Fleisch mit Küchengarn umwickeln
3 Eßl. Speiseöl	erhitzen, das Fleisch darin von allen Seiten gut anbraten, etwas von
375 ml (⅜ l) Wasser	hinzugießen, das Fleisch schmoren lassen, von Zeit zu Zeit wenden, verdampfte Flüssigkeit nach und nach ersetzen das gare Fleisch in Scheiben schneiden, auf einer vorgewärmten Platte anrichten, warm stellen nach Belieben den Bratensatz mit Wasser auffüllen, zum Kochen bringen
1 Eßl. Weizenmehl	mit
1 Becher (200 g) saurer Sahne	anrühren, den aufgefüllten Bratensatz damit binden, die Soße mit Salz, Pfeffer abschmecken
Schmorzeit:	Etwa 2 Stunden.

Pikantes Ochsenschwanzragout

(Im Schnellkochtopf - Abb. unten)

Etwa 1 kg Ochsenschwanz (fleischige Stücke)	unter fließendem kaltem Wasser abspülen, trockentupfen
5 Eßl. Schweineschmalz	im offenen Schnellkochtopf erhitzen, das Fleisch darin von allen Seiten gut anbraten
2 Zwiebeln	abziehen
2 Möhren	putzen, schrappen
½ Stange Porree	putzen das Gemüse waschen, in Scheiben schneiden
2 Tomaten	waschen, achteln das Gemüse mit
1 Lorbeerblatt	zu dem Fleisch geben, kurze Zeit mitschmoren lassen
125 ml (⅛ l) Instant-Fleischbrühe	
125 ml (⅛ l) Malzbier	hinzugießen, mit
Salz	
Pfeffer	würzen, den Schnellkochtopf schließen, garen lassen das Fleisch von den Ochsenschwanzstücken lösen, warm stellen
3 gestrichene Eßl. Weizenmehl	mit
125 ml (⅛ l) Sherry oder Madeira	anrühren, die Flüssigkeit damit binden die Fleischstücke in die Soße geben, miterhitzen
Garzeit:	Etwa 40 Minuten
Beilage:	Salzkartoffeln oder Grüne Spätzle, Porree-Gemüse.

Zwiebel-Roastbeef in Burgunder-Soße

(Abb. oben)

750 g Roastbeef (am Stück) unter fließendem kaltem Wasser abspülen, trockentupfen, die Haut (Fett) leicht einritzen, das Fleisch mit

Salz
frisch gemahlenem Pfeffer einreiben

3 Eßl. Speiseöl erhitzen, das Roastbeef darin von allen Seiten braun braten

1 kg Zwiebeln abziehen, würfeln

6 Lorbeerblätter

beide Zutaten zu dem Fleisch geben, kurz mitbraten lassen, nach und nach

250 ml (¼ l) Rotwein hinzugießen, zugedeckt schmoren lassen

das gare Fleisch herausnehmen, in Alufolie wickeln, warm stellen

den Bratensatz mit

200 g Crème fraîche
1 Eßl. körnigem Senf verrühren, mit Salz, Pfeffer abschmecken

1-2 Eßl. braunen Soßenbinder unterrühren, aufkochen lassen

das gare Fleisch in Scheiben schneiden, mit der Burgunder-Soße servieren

Schmorzeit: Etwa 30 Minuten.

Beilage: Röstkartoffeln, grüner Salat.

Provençalisches Geschnetzeltes

500 g Roastbeef unter fließendem kaltem Wasser abspülen, trockentupfen, in etwa 1 cm dicke Scheiben schneiden

3 Eßl. Speiseöl in einer großen Pfanne erhitzen, das Fleisch unter öfterem Umrühren darin bräunen lassen, mit

Salz	
Pfeffer	bestreuen, aus der Pfanne nehmen, warm stellen
2 Zwiebeln	abziehen, würfeln
4-5 enthäutete Tomaten	halbieren, in Würfel schneiden, mit den Zwiebelwürfeln in das Bratfett geben, etwa 5 Minuten zugedeckt dünsten lassen
170 g Champignonstücke (aus der Dose)	mit der Flüssigkeit,
2 Bechern (je 150 g) Crème fraîche	unterrühren
1 Teel. Senf	hinzufügen, mit Salz, Pfeffer,
Paprika edelsüß Kräutern der Provence	kräftig würzen das Gericht zugedeckt etwa 8 Minuten schmoren lassen, bis die Soße dicklich geworden ist das Fleisch hinzufügen, 5-10 Minuten in der Soße ziehen lassen, nochmals mit den Gewürzen abschmekken, sofort servieren
Garzeit:	25-30 Minuten.
Beilage:	Reis oder Stangenweißbrot, Grüner Salat.

Rindfleisch in Rotwein

(Im Tontopf)

1 kg Rindfleisch	unter fließendem kaltem Wasser abspülen, trockentupfen, in 5-6 cm große Stücke schneiden
6 kleine Zwiebeln	abziehen
40 g Butter oder Margarine	zerlassen, das Fleisch darin anbraten, die Zwiebeln,
1 abgezogene Knoblauchzehe 1 Lorbeerblatt Salz, Pfeffer gerebelten Thymian	hinzufügen, mitdünsten lassen
2 Eßl. Weizenmehl 500 ml (½ l) Rotwein	hinzufügen, durchrühren, alles in den gewässerten Tontopf umfüllen, mit dem Deckel verschließen, in den vorgeheizten Backofen stellen das gare Rindfleisch mit
Kresse	garnieren
Strom:	200-225
Gas:	4-5
Garzeit:	Etwa 2 Stunden.

Pfefferpotthast
(Abb. unten)

750 g Rindfleisch (aus der Brust)	unter fließendem kaltem Wasser abspülen, trockentupfen, in etwa 3 cm große Würfel schneiden
500 g Zwiebeln	abziehen, würfeln
2 Eßl. Schmalz	erhitzen, das Fleisch darin anbraten, herausnehmen die Zwiebelwürfel in das Fett geben, bräunen lassen das angebratene Fleisch,
1 Teel. Salz	
1 Teel. Pfeffer	
1 Messerspitze gemahlenes Piment	
1 Lorbeerblatt	zu den Zwiebelwürfeln geben
1 Eßl. Zitronensaft	
500 ml (½ l) Fleischbrühe	unterrühren, schmoren lassen
2 Eßl. Semmelbrösel	unter den garen Pfefferpotthast rühren, evtl. mit
Salz	
Pfeffer	abschmecken
Schmorzeit:	Etwa 1 Stunde.
Beilage:	Salzkartoffeln, Gewürzgurken.

Geschmortes Rindfleisch
(Abb. rechts)

800 g Rindfleisch	unter fließendem kaltem Wasser abspülen, trockentupfen, in Würfel schneiden
4 Eßl. Olivenöl	erhitzen, das Fleisch von allen Seiten darin anbraten
2 Knoblauchzehen	abziehen, fein hacken, mit
Salz	verreiben, mit
1 Teel. gerebeltem Oregano	unter das Fleisch rühren, etwa 2 Minuten braten lassen, mit
Pfeffer	würzen
4-6 Tomaten	kurze Zeit in kochendes Wasser legen (nicht kochen lassen), in kaltem Wasser abschrecken, enthäuten, die Stengelansätze herausschneiden, die Tomaten halbieren, in Würfel schneiden, mit
1 Lorbeerblatt	zu dem Fleisch geben
125 ml (⅛ l) Weißwein	
125 ml (⅛ l) Instant-Fleischbrühe	hinzugießen, den Schmortopf schliessen, auf dem Rost in den vorgeheizten Backofen schieben
Strom:	200-225, Gas: 4-5
Schmorzeit:	Etwa 1 Stunde
500 g Zwiebeln	abziehen, in Scheiben schneiden
2 Eßl. Butter	zerlassen, die Zwiebelscheiben darin goldgelb dünsten, über das gare Fleisch geben, mit
3 Eßl. gehackter Petersilie	bestreuen.

CREUSET

Ungarisches Gulasch

(In der Schnellbratpfanne - Abb. oben)

2 Eßl. Speiseöl	in der Schnellbratpfanne erhitzen
750 g Rindergulasch	von allen Seiten darin anbraten, mit
Salz	
Pfeffer	würzen
600 g Gemüse-zwiebeln	abziehen, würfeln, hinzufügen, durchdünsten lassen
1 gehäufter Teel. Paprika edelsüß	zu dem Gulasch geben, gut verrühren
2 Paprikaschoten (rot und grün, je 150 g)	halbieren, entstielen, entkernen, die weißen Scheidewände entfernen, die Schoten waschen, in Stücke schneiden
1 Peperoni	halbieren, entstielen, entkernen, waschen, in Streifen schneiden beide Zutaten zu dem Gulasch geben, durchdünsten lassen
125 ml (⅛ l) Wasser	hinzugießen, die Schnellbratpfanne schließen, den Kochregler erst dann auf Stufe 2 schieben, wenn reichlich Dampf entwichen ist (nach etwa 1 Minute), nach Erscheinen des zweiten Ringes 15-20 Minuten garen lassen den Topf von der Kochstelle nehmen, den Kochregler langsam stufenweise zurückziehen, den Topf öffnen das Gulasch mit Salz, Pfeffer abschmecken
Garzeit:	15-20 Minuten.
Beilage:	Makkaroni oder grüne Bandnudeln, gemischter Salat.
Veränderung:	Knoblauchwürfel, etwa 70 g Tomatenmark mit den Gemüsezwiebeln durchdünsten lassen.

Rouladen mit Chicorée

	Von
4 kleinen Chicorée (je etwa 75 g)	die welken Blätter entfernen, den Strunk keilförmig herausschneiden, die Chicorée waschen, trockentupfen
4 Scheiben Rindfleisch (je etwa 175 g)	mit
Salz mit frisch gemahlenem weißem Pfeffer Cayennepfeffer Paprika edelsüß	bestreuen, jeweils 1 Scheibe von
4 Scheiben magerem durchwachsenem Speck	auf die Fleischscheiben legen, darauf je 1 Chicorée geben, die Fleischscheiben von der schmalen Seite her aufrollen, mit Holzstäbchen oder Küchengarn zusammenhalten
4 Eßl. Speiseöl	erhitzen, die Rouladen von allen Seiten gut darin anbraten etwas von
250 ml (¼ l) halbtrockenem Weißwein	hinzugießen, die Rouladen in etwa 1¼ Stunden gar schmoren lassen, verdampfte Flüssigkeit nach und nach ersetzen die garen Rouladen aus dem Bratensatz nehmen, von den Holzstäbchen (Küchengarn) befreien
	für die Soße
3 Tomaten	kurze Zeit in kochendes Wasser legen (nicht kochen lassen), in kaltem Wasser abschrecken, enthäuten, halbieren, die Stengelansätze entfernen, die Tomaten entkernen, das Tomatenfleisch pürieren, in den Bratensatz geben
2 Teel. Weizenmehl	mit
2 Eßl. Schlagsahne	anrühren, die Bratenflüssigkeit damit binden die Soße mit Salz, Pfeffer,
Zucker Worcestersoße	abschmecken, zu den gefüllten Rouladen reichen
Garzeit:	Etwa 1¼ Stunden.
Beilage:	Spätzle oder Kartoffeln, Chicorée-Salat.

Rindergulasch mit Feta-Käse

(Abb. unten)

1 kg mageres Rindfleisch	unter fließendem kaltem Wasser abspülen, trockentupfen, in etwa 2 cm große Würfel schneiden
6 Eßl. Olivenöl	erhitzen, das Fleisch darin portionsweise anbraten
750 ml (¾ l) Wasser	hinzugießen
4 Eßl. Tomatenmark	
3 Eßl. Weinessig	unterrühren
½ Teel. Kreuzkümmel	
1 Zimtstange	dazugeben, mit
Salz	
Pfeffer	würzen, zugedeckt etwa 1 Stunde schmoren lassen
800 g kleine Zwiebeln	abziehen, etwa 1 Minuten in kochendes Wasser geben, herausnehmen, abtropfen lassen, zu dem Fleisch geben, mitschmoren lassen
125 g Feta-Käse	zerbröckeln, auf das gare Gulasch geben, mit Salz, Pfeffer abschmecken
Schmorzeit:	Etwa 1¼-1½ Stunden.
Beigabe:	Käse-Brötchen.

Feta-Käse: Griechischer Weichkäse, stark gesalzen, hergestellt aus Schafmilch oder einer Mischung von Schaf-, Ziegen- und Kuhmilch. Reift 4-6 Wochen in Gefäßen mit Salzlake. Rindenlos, weiß bis weißlichgelb, pikant salzig-säuerlich.

Rindergulasch mit Tomaten

(Abb. unten)

600 g schieres Rindfleisch (ohne Knochen)	unter fließendem kaltem Wasser abspülen, trockentupfen, in Würfel schneiden
2 Eßl. Speiseöl	erhitzen, das Fleisch von allen Seiten gut darin anbraten
250 g Zwiebeln	abziehen, halbieren, in Scheiben schneiden, mitbräunen lassen, das Fleisch mit
Salz, Pfeffer Gulasch-Gewürz	würzen
etwa 400 g Tomaten (aus der Dose)	mit der Flüssigkeit,
375 ml (3/8 l) heißem Wasser	hinzugießen, das Fleisch gar schmoren lassen, verdampfte Flüssigkeit nach und nach ersetzen nach Belieben
etwas Weizenmehl	mit
kaltem Wasser	anrühren, das Gulasch damit binden, mit Salz,
Paprika edelsüß 1–2 Spritzern Tabascosoße	abschmecken
Schmorzeit:	1–1½ Stunden.

Omas Rinderrouladen

(Im Schnellkochtopf – Abb. rechts)

4 Scheiben Rindfleisch (je etwa 150 g, aus der Keule geschnitten)	leicht klopfen, mit
Senf	bestreichen, mit
Salz Pfeffer Paprika edelsüß	bestreuen, von
4 Scheiben gekochtem Schinken	je eine Scheibe auf jede Rindfleischscheibe legen
1 Gewürzgurke	längs vierteln
60 g Speck	in Streifen schneiden
2 Zwiebeln	abziehen, halbieren, in Scheiben schneiden die Zutaten auf die Fleischscheiben geben, von der schmalen Seite her aufrollen, mit einer Bratennadel oder Küchengarn zusammenhalten
2 Eßl. Schweineschmalz	im offenen Schnellkochtopf erhitzen, die Rouladen von allen Seiten gut darin anbraten
125 ml (1/8 l) Malzbier 125 ml (1/8 l) Instant-Fleischbrühe	hinzugießen, den Schnellkochtopf schließen, garen lassen aus den Rouladen die Bratennadeln ziehen oder das Küchengarn entfernen die Rouladen auf einer vorgewärmten Platte anrichten, warm stellen
1 gestrichenen Eßl. Weizenmehl	mit
2 Eßl. kaltem Wasser	anrühren, die Flüssigkeit damit binden die Soße mit Salz, Pfeffer abschmecken, zu den Rouladen reichen
Garzeit:	Etwa 15 Minuten
Beilage:	Kartoffelklöße, Rotkohl.

Schmorbraten mit Tomaten

(Etwa 6 Portionen - Abb. unten)

	Für die Marinade
2 Zwiebeln **2 Knoblauchzehen**	beide Zutaten abziehen, würfeln
1 Stück Sellerie	schälen, waschen
1 Möhre	putzen, schrappen, waschen beide Zutaten in Würfel schneiden
4 Eßl. Olivenöl	erhitzen, Zwiebel- und Knoblauch-, Sellerie- und Möhrenwürfel darin andünsten
1 Thymianzweig **1 Rosmarinzweig** **1 Majoranzweig** **1 Petersilienzweig**	die Kräuter vorsichtig abspülen, trockentupfen, mit
375 ml (3/8 l) Rotwein	zu dem Gemüse geben, zum Kochen bringen, etwa 5 Minuten kochen, erkalten lassen
1½ kg Rindfleisch	unter fließendem kaltem Wasser abspülen, in eine Schüssel legen, die Marinade darüber geben, das Fleisch etwa 24 Stunden darin ziehen lassen, aus der Marinade nehmen, trockentupfen die Kräuter aus der Marinade entfernen, Marinade und Gemüse beiseite stellen
3 Knoblauchzehen	abziehen, zerdrücken, das Fleisch damit einreiben, mit
Salz, **Pfeffer**	würzen
1 Teel. Thymianblättchen	darauf geben
3 Eßl. Olivenöl	erhitzen, das Fleisch rundherum darin anbraten
1 Stück Sellerie (etwa 150 g)	schälen
250 g Möhren	putzen, schrappen beide Zutaten waschen, in Würfel schneiden
8 kleine Zwiebeln	abziehen die Zutaten zu dem Fleisch geben, andünsten, die Hälfte der Marinade und das Gemüse aus der Marinade zu dem Fleisch geben, den Topf verschließen, auf dem Rost in den vorgeheizten Backofen stellen, schmoren lassen, das Fleisch ab und zu wenden nach etwa 1½ Stunden Schmorzeit nach und nach die restliche Marinade hinzugießen das Fleisch im offenen Topf etwa 45 Minuten weiterschmoren lassen
500–750 g Tomaten	kurze Zeit in kochendes Wasser legen (nicht kochen lassen), in kaltem Wasser abschrecken, enthäuten, halbieren, die Stengelansätze herausschneiden, das Tomatenfleisch in Würfel schneiden, zu dem Fleisch geben, 10–15 Minuten mitschmoren lassen
Strom:	Etwa 225
Gas:	Etwa 4
Schmorzeit:	Etwa 2½ Stunden den garen Braten in Scheiben schneiden, auf einer vorgewärmten Platte anrichten die Gemüsesoße mit Salz, Pfeffer,
Zucker	abschmecken, getrennt dazureichen.

Tessiner Schmorbraten

1 kg Rindfleisch (aus der Keule)	unter fließendem kaltem Wasser abspülen, trockentupfen
2 Scheiben fetten Speck	in etwa ½ cm breite Streifen schneiden, das Fleisch mit den Speckstreifen spicken
1 Schweinefuß	unter fließendem kaltem Wasser abspülen, trockentupfen Fleisch, Schweinefuß mit
Salz **Pfeffer** **Paprika edelsüß**	würzen
3 Eßl. Speiseöl	in einem Bratentopf erhitzen, das Fleisch mit dem Schweinefuß von allen Seiten gut darin anbraten, aus dem Bratentopf nehmen
2 Zwiebeln **2 Knoblauchzehen**	beide Zutaten abziehen, würfeln
2 Möhren	putzen, schrappen, waschen, in Stücke schneiden, mit den Zwiebel- und Knoblauchwürfeln in dem Bratenfett andünsten

etwa 70 g Tomatenmark (aus der Dose)	unterrühren
125 ml (⅛ l) Rotwein	und etwas von
375 ml (⅜ l) Fleischbrühe	hinzugießen, erhitzen, das Fleisch mit dem Schweinefuß hinzufügen, im geschlossenen Topf unter öfterem Wenden etwa 1 ¼ Stunden schmoren lassen
1 kg möglichst kleine, gleich große Kartoffeln	schälen, waschen, zu dem Fleisch geben, mit Salz bestreuen, die restliche Brühe hinzugießen (Kartoffeln müssen knapp mit Flüssigkeit bedeckt sein), weitere 30 Minuten schmoren lassen
6 Tomaten	kurze Zeit in kochendes Wasser legen, in kaltem Wasser abschrecken, enthäuten, halbieren, zu dem Fleisch geben, etwa 10 Minuten mitschmoren lassen das gare Fleisch aus dem Topf nehmen, das Rindfleisch in Scheiben schneiden, auf einer vorgewärmten Platte anrichten, den Schweinefuß entfernen die Tomatenhälften um das Fleisch legen, warm stellen nach Belieben
etwas Weizenmehl	mit
kaltem Wasser	anrühren, die Schmorflüssigkeit damit binden, mit Salz, Pfeffer, Paprika edelsüß abschmecken, mit den Kartoffeln in eine Schüssel geben, mit
gehackter Petersilie	bestreuen, zu dem Fleisch reichen
Schmorzeit:	Etwa 2 Stunden.
Beigabe:	Endivien-Salat.

Szegediner Gulasch

(Abb. unten)

200 g Zwiebeln	abziehen, in Scheiben schneiden
250 g Schweinefleisch	
250 g Rindfleisch	das Fleisch unter fließendem kaltem Wasser abspülen, trockentupfen, in 2 cm große Würfel schneiden, mit
Salz	bestreuen
50 g Schweineschmalz	erhitzen, die Zwiebeln etwa 10 Minuten darin dünsten
1 Eßl. Paprika edelsüß	hinzufügen, das Fleisch hinzugeben, etwa 30 Minuten schmoren lassen
500 g Sauerkraut	auf das Fleisch geben
500 ml (½ l) heiße Fleischbrühe	hinzugießen, umrühren das Gericht zum Kochen bringen, garen lassen
125 ml (⅛ l) saure Sahne	hinzufügen
1 Teel. Speisestärke	mit
1 Eßl. kaltem Wasser	anrühren, das Gulasch damit binden, mit Salz,
Pfeffer, Zucker	abschmecken
Schmorzeit:	Etwa 1 ½ Stunden.
Beilage:	Salzkartoffeln oder Reis.
Veränderung:	1 Eßl. Tomatenmark mitschmoren lassen.

Ochsenschwanz mit Staudensellerie

(Abb. unten)

etwa 200 g durchwachsenen Speck	in Würfel schneiden, glasig braten
1 kg Ochsenschwanz (in etwa 3 cm dicke Scheiben geschnitten)	unter fließendem kaltem Wasser abspülen, trockentupfen, in dem heißen Speckfett anbraten, mit
Salz	
Pfeffer	würzen, das Fleisch herausnehmen
4 Stangen Staudensellerie	putzen, waschen, in etwa 2 cm große Stücke schneiden
1 Zwiebel	
1 Knoblauchzehe	beide Zutaten abziehen, fein würfeln Staudenselleriestücke, Zwiebel- und Knoblauchwürfel in dem Bratensatz andünsten
250 ml (1/4 l) Weißwein	hinzugießen, durchdünsten lassen die Fleischstücke zu dem Gemüse geben
1 kg Tomaten (aus der Dose)	abtropfen lassen, vierteln, mit der Flüssigkeit zu dem Fleisch geben das Fleisch im geschlossenen Topf schmoren lassen, von Zeit zu Zeit wenden, verdampfte Flüssigkeit durch
Fleischbrühe	ersetzen
Schmorzeit:	Etwa 2 Stunden.
Beilage:	Salzkartoffeln.

Olivensteaks

(Abb. oben)

2 Scheiben Hohe Rippe (je etwa 600 g)	unter fließendem kaltem Wasser abspülen, trockentupfen, mit
Pfeffer	einreiben
1 Zwiebel	abziehen, würfeln
4 Eßl. Speiseöl	erhitzen, die Fleischscheiben darin von beiden Seiten anbraten, Zwiebelwürfel
15 spanische Oliven, mit Paprika gefüllt	hinzufügen, mitbraten lassen
2 Eßl. eingelegten grünen Pfeffer	
750 ml (3/4 l) Instant-Fleischbrühe	hinzugeben, das Fleisch schmoren lassen
2 Tomaten	kurze Zeit in kochendes Wasser legen (nicht kochen lassen), in kaltem Wasser abschrecken, enthäuten, die Stengelansätze herausschneiden, die Tomaten achteln, etwa 10 Minuten vor Beendigung der Schmorzeit zu dem Fleisch geben
	das gare Fleisch herausnehmen, mit
Salz	bestreuen, warm stellen
	den Bratensatz durch ein Sieb streichen
1 Eßl. Weizenmehl	mit
1/2 Becher (100 g) saurer Sahne	anrühren, den Bratensatz damit binden
Schmorzeit:	Etwa 1 1/2 Stunden.

Rindfleisch-Topf

600 g Rindfleisch (Bugschaufel)	unter fließendem kaltem Wasser abspülen, trockentupfen, in kurze Streifen schneiden
4 Eßl. Speiseöl	erhitzen, Fleischstreifen darin anbraten, mit
Salz, Pfeffer	würzen
2 Zwiebeln	abziehen, würfen, mitbräunen lassen
750 ml (3/4 l) Instant-Brühe	hinzugießen, das Fleisch etwa 30 Minuten schmoren lassen
250 g Möhren	putzen, schrappen, waschen, in Scheiben schneiden
2 Kohlrabi (etwa 400 g)	schälen, waschen, halbieren, in kleine Stücke schneiden
	die beiden Zutaten mit
gerebeltem Majoran	zu dem Rindfleisch geben, gar schmoren lassen
	mit Salz, Pfeffer,
Meerrettich	abschmecken, mit
gehackter Petersilie	bestreuen
Schmorzeit:	Etwa 50 Minuten.
Beilage:	Petersilien-Spätzle, Feldsalat.

Knusprig, herzhaft und saftig: Große Braten und Kurzgebratenes

Rinderfilet Imperial

(Abb. oben - 2 Portionen)

400 g Rinderfilet	unter fließendem kaltem Wasser abspülen, trockentupfen, in zwei Scheiben schneiden, mit
Salz, Pfeffer	
1 Teel. Kräutern der Provence	einreiben
1 Zwiebel	abziehen, in Würfel schneiden
	nach Belieben
1 Knoblauchzehe	abziehen, eine Bratpfanne damit ausreiben
2-3 Eßl. Speiseöl	darin erhitzen, die Filetscheiben von jeder Seite darin braten, herausnehmen, warm stellen
	das Fett aus der Pfanne gießen
1-2 Eßl. Butter	darin zerlassen, die Zwiebelwürfel darin glasig dünsten lassen
100 ml Weißwein	hinzugießen
1 Becher (150 g) Crème fraîche	unterrühren, kurz aufkochen lassen, die Soße mit Salz, Pfeffer,
Fleischextrakt	abschmecken
1 Eßl. gehackte Petersilie	unterrühren
2 Scheiben Weißbrot	in Streifen schneiden, von allen Seiten in
Butter	rösten, auf einer vorgewärmten Platte anrichten, jede Filetscheibe nochmals durchschneiden, mit der Soße fächerartig auf dem Brot anrichten
Bratzeit:	Jede Filetseite etwa 3 Minuten.
Beilage:	Stangenspargel, Pilze, Toast.

Gebratenes Ochsenbein mit Zwiebeln, Möhren und Porree

(Abb. rechts)

1 kg Ochsenbein (2 Beinscheiben)	unter fließendem kaltem Wasser abspülen, trockentupfen

3 Eßl. Speiseöl	erhitzen, die Beinscheiben darin gut anbraten, mit
Salz	
frisch gemahlenem weißem Pfeffer	
Zucker	würzen
Paprika edelsüß	
125 ml (⅛ l) Rotwein	hinzugießen, das Fleisch gar schmoren lassen
250 g Gemüsezwiebeln	abziehen, in Scheiben schneiden
2 Eßl. Butter oder Margarine	zerlassen, Zwiebelscheiben darin andünsten
375 g Möhren	putzen, schrappen, waschen, in Scheiben schneiden, mit
250 ml (¼ l) Wasser	zu den Zwiebeln geben, mit Salz, Pfeffer würzen, etwa 10 Minuten dünsten lassen
500 g Porree	putzen, gründlich waschen, in Scheiben schneiden, evtl. nochmals waschen
1 grüne Paprikaschote	halbieren, entstielen, entkernen, die weißen Scheidewände entfernen, die Schoten waschen, in Streifen schneiden Porreescheiben und Paprikastreifen zu den Zwiebel-Möhren geben, gar dünsten lassen das gare Fleisch herausnehmen, mit dem Gemüse auf einer vorgewärmten Platte anrichten, warm stellen
1 Teel. Speisestärke	mit
3 Eßl. saurer Sahne	anrühren, den Bratensatz damit binden
Bratzeit für das Fleisch:	Etwa 1½ Stunden
Dünstzeit für das Gemüse:	25–30 Minuten.
Beilage:	Senfkartoffeln oder Kräuter-Kartoffel-Püree, Paprika-Salat.

Gefülltes Kräuterfilet mit Gorgonzola-Creme

(Etwa 6 Portionen - Abb. oben)

1 kg Rinderfilet (aus der Mitte geschnitten) unter fließendem kaltem Wasser abspülen, trockentupfen, evtl. Haut und Sehnen entfernen

50 g Pinienkerne in einer Pfanne ohne Fett hellbraun rösten, abkühlen lassen, mahlen

1 Zwiebel
1 Knoblauchzehe
beide Zutaten abziehen, in feine Würfel schneiden

1 Eßl. Speiseöl erhitzen, Zwiebel- und Knoblauchwürfel darin glasig dünsten lassen, mit den gerösteten, gemahlenen Pinienkernen,

1 gehäuften Eßl. Crème fraîche verrühren, mit

Salz, Pfeffer
1 Eßl. Kräutern der Provence
2 Eßl. gemischten, gehackten Kräutern unterrühren

das Filet längs einschneiden, mit der Kräutermasse füllen, mit Küchengarn umwickeln, in eine längliche, feuerfeste Form legen

1 Knoblauchzehe abziehen, durchpressen, mit

3 Eßl. Speiseöl verrühren, mit

Salz
Pfeffer würzen

1 Eßl. Kräuter der Provence

2 Eßl. gemischte, gehackte Kräuter	unterrühren das Filet von allen Seiten mit der Masse bestreichen, zugedeckt etwa 2 Stunden stehenlassen die Form ohne Deckel auf dem Rost in den vorgeheizten Backofen schieben das Fleisch während des Bratens 2-3mal wenden
Strom:	225-250
Gas:	6-7
Bratzeit:	Etwa 40 Minuten das gare Filet erkalten lassen, das Küchengarn entfernen, das Filet in Scheiben schneiden, auf einer Platte anrichten, mit
kleinen Tomaten	
Kräutersträußchen	garnieren

	für die Gorgonzola-Creme
1 Becher (150 g) Crème fraîche	anschlagen
125 g Gorgonzola-Käse	durch ein Sieb streichen, mit der Crème fraîche verrühren wenn eine sehr glatte Creme gewünscht wird, kann die Masse nochmals kurz mit dem elektrischen Handrührgerät verrührt werden.
Beigabe:	Toast oder Stangenweißbrot, Fenchelsalat.

Filetsteak Mustard

(Abb. unten)

400-500 g Rinderfilet	unter fließendem kaltem Wasser abspülen, trockentupfen, in 4 Scheiben schneiden, leicht flachdrücken, mit
Salz	
Pfeffer	bestreuen
2 Zwiebeln	abziehen, würfeln, mit
2-4 Eßl. englischem Senfpulver (Mustard)	
2 Eiern	
2 Teel. gehackter Petersilie	
2 Eßl. Crème fraîche	
2 gehäuften Eßl. Weizenmehl	zu einer glatten Masse verrühren, die Fleischscheiben darin wenden
2 Eßl. Butterschmalz	erhitzen, die Fleischscheiben von beiden Seiten darin braten
Bratzeit:	Jede Seite etwa 3 Minuten.
Beilage:	Pommes frites oder Röstkartoffeln, grüner Salat.

Rinderfilet »Wellington«

(Abb. unten)

	Für die Füllung
750 g Rinderfilet	unter fließendem kaltem Wasser abspülen, trockentupfen, enthäuten
50 g Pfefferbutter	erhitzen, das Fleisch von allen Seiten kurz darin anbraten, mit
Salz, Pfeffer	würzen, aus der Pfanne nehmen, abkühlen lassen
50 g Pfefferbutter	erhitzen
100 g abgezogene Zwiebeln	in Würfel schneiden, glasig dünsten lassen
500 g gedünstete Champignons	kleinschneiden, hinzufügen
125 ml (⅛ l) Schlagsahne	hinzugießen, einkochen lassen, die Masse mit Salz, Pfeffer abschmecken, kalt stellen
	für den Teig
1 Packung (300 g) tiefgekühlten Blätterteig	bei Zimmertemperatur auftauen lassen, zu einer länglichen Platte in der doppelten Größe des Filets ausrollen (nach Belieben etwas Teig zum Garnieren zurücklassen) etwas von der Zwiebel-Champignonmasse in der Länge des Filets in die Mitte des Teiges geben, das Filet darauf legen, mit der restlichen Zwiebel-Champignonmasse bedecken, die Teigränder mit
1 verschlagenen Eiweiß	bestreichen, den Teig um das Fleisch schlagen, auf ein mit Wasser abgespültes Backblech legen (glatte Teigseite nach oben), mit dem zurückgelassenen Teig garnieren, über die Teigoberseite verteilt 3 etwa pfenniggroße Löcher ausstechen
1 Eigelb	mit
1 Teel. Milch	verschlagen, die Teigoberfläche damit bestreichen
Strom:	200–225
Gas:	3–4
Backzeit:	40–50 Minuten.
Beilage:	Kräuter-Sahnesoße, Stangenweißbrot.

Rinderfilet

(Abb. oben)

1 kg Filet (gut abgehangen)	unter fließendem kaltem Wasser abspülen, trockentupfen, enthäuten, mit
Salz	
Pfeffer	einreiben, mit
Speiseöl	bestreichen, auf dem gefetteten Rost auf eine mit Wasser ausgespülte Rostbratpfanne legen, in den vorgeheizten Backofen schieben, braten lassen, ab und zu wenden das gare Fleisch vor dem Schneiden etwa 10 Minuten »ruhen« lassen, damit sich der Fleischsaft setzt, auf einer vorgewärmten Platte anrichten
Strom:	225–250
Gas:	6–7
Bratzeit:	Etwa 30 Minuten.
Beilage:	Broccoli, Herzogin-Kartoffeln.

Rindfleisch-Geschnetzeltes

(2 Portionen – Abb. oben)

250–300 g Rindfleisch (Keule, Rumpsteak oder Filet) unter fließendem kaltem Wasser abspülen, trockentupfen, zunächst in dünne kleine Scheiben, dann in Streifen schneiden

1 Zwiebel abziehen

2 Gewürzgurken evtl. schälen

2–3 Tomaten kurze Zeit in kochendes Wasser legen, in kaltem Wasser abschrecken, enthäuten

die drei Zutaten in kleine Würfel schneiden

1 Knoblauchzehe abziehen, eine Pfanne damit ausreiben

1 Eßl. Butterschmalz in der Pfanne erhitzen, das Fleisch darin anbraten, mit

Salz, Pfeffer bestreuen, aus der Pfanne nehmen, warm stellen

die Zwiebelwürfel in dem Bratfett glasig dünsten, Gurken- und Tomatenwürfel hinzufügen, kurz miterhitzen

1 Becher (150 g) Crème fraîche
1 Teel. Tomatenmark
½ Teel. Senf
½ Teel. Fleischextrakt oder Instant-Bratensoße unterrühren, die Soße mit Salz, Pfeffer abschmecken

das Fleisch unterrühren, miterhitzen

Bratzeit: Etwa 8 Minuten.

Beilage: Bratkartoffeln, grüner Salat.

Frikadellen

1 Brötchen (Semmel) in kaltem Wasser einweichen

2 mittelgroße Zwiebeln abziehen, fein würfeln

600 g Gehacktes (halb Rind-, halb Schweinefleisch) mit dem gut ausgedrückten Brötchen, den Zwiebeln,

1 Ei vermengen, mit

Salz, Pfeffer
Paprika edelsüß abschmecken

aus der Masse mit nassen Händen ovale Frikadellen formen

50 g Pflanzenfett erhitzen, die Frikadellen von beiden Seiten darin braten

Bratzeit: Etwa 10 Minuten.

Zwiebel-Rumpsteak

(Abb. unten)

500 g Zwiebeln abziehen, in Scheiben schneiden
2 Eßl. Speiseöl erhitzen, die Zwiebelscheiben darin andünsten, herausnehmen, das Fett etwas abtropfen lassen
bei
4 Rumpsteaks (je 150 g) die Sehnen an den Rändern etwas einschneiden, das Speiseöl wieder erhitzen, die Rumpsteaks hineingeben
nachdem die untere Seite gebräunt ist, das Fleisch wenden, mit
Salz, Pfeffer
gehackten Thymianblättchen bestreuen
die Zwiebelscheiben auf die Steaks geben, warm stellen
den Bratensatz mit
Instant-Fleischbrühe
hellem Bier loskochen, über das Fleisch geben
Dünstzeit für die Zwiebeln: Etwa 5 Minuten
Bratzeit für die Steaks: 6-8 Minuten.

Steaks mit grüner Pfeffer-Soße

(2 Portionen - Abb. oben)

Etwa 300 g Rinderfilet unter fließendem kaltem Wasser abspülen, trockentupfen, in 2 Scheiben schneiden, leicht flachdrücken, mit

Salz, Pfeffer bestreuen

1 Eßl. Butterschmalz erhitzen, die Fleischscheiben von beiden Seiten darin braten, auf einer vorgewärmten Platte anrichten, warm stellen, den Bratensatz mit

2 Eßl. Weinbrand ablöschen

1 Becher (150 g) Crème fraîche – unterrühren, mit Salz, Pfeffer abschmecken

1 Eßl. grünen Pfeffer (aus dem Glas) – hinzufügen, die Soße kurz aufkochen lassen, über die Steaks geben

Bratzeit: Jede Seite etwa 3 Minuten.
Beilage: Folienkartoffeln mit Crème-fraîche-Kräuter-Soße.

Türkische Hackbällchen

(Abb. unten)

2 Zwiebeln (etwa 100 g) – abziehen, sehr fein würfeln, in einem Sieb kurz in
kochendes Wasser – geben, 1-2 Minuten kochen lassen, herausnehmen, abtropfen lassen
1 Knoblauchzehe – abziehen, zerdrücken oder durchpressen, beide Zutaten mit
375 g Gehacktem (halb Rind-, halb Schweinefleisch)
125 g gewürztem Schweine-Mett
2 Eiern – gut vermengen, mit
Salz
Pfeffer
Cayennepfeffer – sehr scharf würzen
aus der Masse mit nassen Händen etwa 50 Hackbällchen formen
1-2 Eßl. Butter oder Margarine – erhitzen, die Hackbällchen darin goldbraun braten lassen
1 kg Spinat – sorgfältig verlesen, gründlich waschen
1-2 Eßl. Butter oder Margarine – zerlassen, den Spinat tropfnaß hinzufügen, zugedeckt dünsten lassen, bis die Blätter zusammenfallen, abtropfen lassen, mit Salz, Pfeffer,
geriebener Muskatnuß – würzen
2 Becher (je 150 g) Sahnejoghurt – verrühren, mit Salz, Pfeffer würzen
die gebratenen Hackbällchen auf dem Spinat anrichten, mit dem Joghurt übergießen, mit Cayennepfeffer bestreuen

Bratzeit für die Hackbällchen: 10-15 Minuten
Dünstzeit für den Spinat: Etwa 10 Minuten.
Beilage: Stangenweißbrot.

Leber mit Ananas-Zwiebeln

(Etwa 2 Portionen - Abb. unten)

2 Scheiben Kalbs-, Schweine- oder Rinderleber (je etwa 100 g)	unter fließendem kaltem Wasser abspülen, trockentupfen, von der feinen Haut, den Sehnen und Röhren befreien, in
10 g Weizenmehl	wenden
50 g Margarine	erhitzen, die Leber auf beiden Seiten darin braten, mit
Salz, Pfeffer	bestreuen
100 g Zwiebeln	abziehen, in Scheiben schneiden, mit in die Pfanne geben, an der Seite unter Wenden bräunen die Leber auf einer vorgewärmten Platte anrichten
2 Scheiben Ananas (aus der Dose)	abtropfen lassen, in kleine Stücke schneiden, zu den Zwiebeln geben, kurze Zeit miterhitzen, mit Salz, Pfeffer leicht bestreuen die Ananas-Zwiebeln auf der Leber anrichten, mit
gehackter Petersilie	bestreuen
Bratzeit:	Etwa 10 Minuten.
Beilage:	Röstkartoffeln.

Rinderfilet mit Zucchini

4 Zucchini (etwa 600 g)	waschen, evtl. schälen, halbieren, entkernen, in etwa 2 cm breite Streifen schneiden
40 g Butter	zerlassen, die Zucchini hineingeben, gar dünsten lassen
3 Eßl. Schlagsahne	hinzufügen, zum Kochen bringen, mit
Salz	abschmecken
4 Scheiben Rinderfilet	mit einem flachen Messer leicht klopfen, zusammendrücken
60 g Margarine	erhitzen, die Fleischscheiben von beiden Seiten darin braten nachdem die untere Seite gebräunt ist, das Fleisch wenden, mit
Salz, Pfeffer	bestreuen (das Fleisch öfter mit dem Bratfett begießen) die Filetscheiben auf einer vorgewärmten Platte anrichten, die Zucchini darüber verteilen, mit
Petersilie	garnieren
Dünstzeit für die Zucchini:	Etwa 15 Minuten
Bratzeit für das Rinderfilet:	6-8 Minuten.
Beilage:	Folien-Kartoffeln, Radieschen oder Tomaten-Salat.

Majoranspieße

(Abb. rechts)

1 Brötchen	in kaltem Wasser einweichen
1 große Zwiebel	abziehen, fein würfeln
500 g Gehacktes (halb Rind-, halb Schweinefleisch)	mit dem gut ausgedrückten Brötchen, den Zwiebelwürfeln,
1 Ei	
½ Eßl. feingehackten Majoranblättchen	vermengen, mit
Salz, Pfeffer	
Paprika edelsüß	würzen, gut durchkneten aus dem Teig mit nassen Händen Bällchen formen
1 rote Paprikaschote	halbieren, entstielen, entkernen, die weißen Scheidewände entfernen, die Schote waschen, in Streifen schneiden
1 Bund Frühlingszwiebeln	putzen, das dunkle Grün bis auf etwa 15 cm entfernen, die Knollen evtl. abziehen, die Frühlingszwiebeln waschen, in 3-4 cm lange Stücke schneiden Hackfleischbällchen, Paprikastreifen, Frühlingszwiebelstücke,
Lorbeerblätter	abwechselnd auf Spieße stecken
50 g Pflanzenfett	erhitzen, die Spieße darin unter häufigem Wenden von allen Seiten in 5-8 Minuten braun braten lassen, ab und zu mit dem Bratfett begießen die Spieße auf einer vorgewärmten Platte anrichten, mit
Majoranzweigen	garnieren.
Beilage:	Risotto, Paprika-Salat oder Orangen-Fenchel-Salat.

Rinderfiletsteaks

4 Rinderfiletsteaks (je 150 g)	etwas zusammendrücken
50 g Pflanzenfett	erhitzen, die Fleischscheiben hineinlegen nachdem die untere Seite gebräunt ist, das Fleisch wenden, mit
Salz	
Pfeffer	bestreuen die Fleischscheiben öfter mit Bratfett begießen, damit sie saftig bleiben Filetsteaks sollen nicht ganz durchgebraten sein das Fleisch auf einer vorgewärmten Platte anrichten das Bratfett über die Fleischscheiben gießen
Bratzeit:	6-8 Minuten.
Veränderung:	Die Steaks vor dem Braten mit Senf bestreichen, mit gehackten Kräutern bestreuen.
Beilage:	Kräuterbutter, Reis.

Rinderfilet »Lucullus«

(Etwa 2 Portionen - Abb. unten)

2 Rinderfiletsteaks (je etwa 180 g)	mit
Salz gerebeltem Majoran geschrotetem Pfeffer	einreiben, mit
1 Teel. Tomatenmark	bestreichen, in
Alufolie	einwickeln, im vorgeheizten Backofen bei 250° etwa 10 Minuten garen lassen die Folie öffnen, die Steaks nochmals etwa 6 Minuten bräunen lassen
Garzeit:	Etwa 16 Minuten.
Beilage:	Röstkartoffeln, Salat
Veränderung:	Nach Belieben Champignonscheiben und abgezogene Tomatenviertel mitgaren lassen.

Roastbeef

1 kg Rinderrücken (ohne Knochen)	unter fließendem kaltem Wasser abspülen, trockentupfen, die Haut einritzen, das Fleisch mit
Salz, Pfeffer	einreiben, mit der Fettschicht nach oben auf den gefetteten Rost auf eine mit Wasser ausgespülte Rostbratpfanne legen, in den vorgeheizten Backofen schieben, braten lassen, ab und zu wenden das gare Fleisch vor dem Schneiden etwa 10 Minuten »ruhen« lassen, damit sich der Fleischsaft setzt auf einer vorgewärmten Platte anrichten
Strom:	225-250
Gas:	6-7
Bratzeit:	35-45 Minuten.
Beilage:	Gebratene Zwiebelringe, Pommes frites.

Stroganoff-Frikadellen

(4-6 Portionen - Abb. oben)

2 Brötchen	in kaltem Wasser einweichen
2 mittelgroße Zwiebeln	abziehen, fein würfeln
750 g Gehacktes (halb Rind-, halb Schweinefleisch)	mit den gut ausgedrückten Brötchen, den Zwiebelwürfeln,
3 Eiern	vermengen, mit
Salz frisch gemahlenem Pfeffer frisch geriebener Muskatnuß	würzen, aus der Masse mit nassen Händen 12 Frikadellen formen
50 g Butter oder Margarine	erhitzen, die Frikadellen von beiden Seiten darin braten, herausnehmen, warm stellen
	für die Soße
375 g Champignons	putzen, waschen, in dünne Scheiben schneiden
200 g Zwiebeln	abziehen, in Scheiben schneiden, in Ringe teilen Champignonscheiben, Zwiebelringe in das Bratfett geben, andünsten lassen
250 ml (¼ l) Schlagsahne	hinzugießen, etwas einkochen lassen
2 Teel. Senf	unterrühren, mit
Salz Pfeffer Zucker	würzen
2 Salzgurken (etwa 150 g)	in feine Streifen schneiden, in die Soße geben, miterhitzen die Soße über die Frikadellen geben
Bratzeit für die Frikadellen:	10-12 Minuten
Garzeit für die Soße:	13-15 Minuten.
Beilage:	Petersilienkartoffeln, Gurkensalat.

Geschnetzeltes mit Champignons

(Abb. oben)

500 g Rinderfilet	unter fließendem kaltem Wasser abspülen, trockentupfen, evtl. von Haut befreien, das Fleisch in dünne Streifen schneiden, mit
2 Eßl. Weizenmehl	bestäuben
1 Zwiebel	abziehen, würfeln
	von
etwa 50 g Butter	die Hälfte zerlassen, die Hälfte der Zwiebelwürfel, die Hälfte des Fleisches hineingeben, unter öfterem Wenden in etwa 2 Minuten bräunen lassen, aus der Pfanne nehmen, warm stellen
	das restliche Fleisch auf die gleiche Weise zubereiten
1 Zwiebel	abziehen, würfeln
200 g Champignons	putzen, waschen (große Pilze evtl. einmal durchschneiden)
1 Eßl. Butter	zerlassen, die Zwiebelwürfel mit den Champignons hinzufügen, etwa 10 Minuten dünsten lassen
125 ml (1/8 l) Weißwein	
250 ml (1/4 l) Schlagsahne	unter die Champignons rühren, das Fleisch dazugeben, mit
Salz, Pfeffer	abschmecken, das Geschnetzelte etwa 6 Minuten erhitzen, sofort servieren
Garzeit:	Etwa 20 Minuten.
Beilage:	Folienkartoffeln mit Sahnesoße, Leipziger Allerlei.

Rumpsteaks

	Bei
4 Rumpsteaks (je 150 g)	die Sehnen an den Rändern etwas einschneiden
50 g Pflanzenfett	erhitzen, das Fleisch hineinlegen nachdem die untere Seite gebräunt ist, das Fleisch wenden, mit
Salz, Pfeffer	bestreuen die Fleischscheiben öfter mit Bratfett begießen, damit sie saftig bleiben die Steaks auf einer vorgewärmten Platte anrichten das Bratfett über die Steaks gießen
Bratzeit:	6-8 Minuten.
Veränderung:	Die Rumpsteaks mit gebräunten Zwiebeln garnieren, nach Belieben geriebenen Meerrettich dazureichen.

Leber mit Champignon-Zwiebeln

4 Scheiben Kalbs-, Rinder- oder Schweineleber (je etwa 150 g)	unter fließendem kaltem Wasser abspülen, trockentupfen, von der feinen Haut befreien, evtl. Sehnen und Röhren entfernen, in
etwa 1 Eßl. Weizenmehl	wenden
40 g Margarine	erhitzen, die Leber darin braten, mit
Salz, Pfeffer	bestreuen, warm stellen
250 g Zwiebeln	abziehen, in Ringe schneiden
2 Eßl. Butter	zerlassen, die Zwiebelringe unter Wenden darin bräunen
etwa 200 g gedünstete Champignonstücke	hinzufügen, kurz miterhitzen, mit Salz, Pfeffer würzen, auf den Leberscheiben anrichten.
Bratzeit:	Von jeder Seite etwa 5 Minuten.
Beilage:	Kartoffelbrei, gedünstete Äpfel.

Pfeffersteaks

(Abb. unten)

4 Rinderfiletsteaks	leicht flachklopfen, so daß sie noch etwa 2 cm dick sind
4 gestrichene Teel. schwarze Pfefferkörner	zwischen Pergamentpapier legen und mit einem Teigroller zerdrücken, die Steaks damit einreiben, auf den heißen Grillrost legen, unter den vorgeheizten Grill schieben, zunächst von der einen, dann von der anderen Seite grillen, während des Grillens die Steaks ab und zu mit
etwas Speiseöl	bestreichen
Grillzeit	
Strom:	Jede Seite etwa 7 Minuten
Gas:	Jede Seite etwa 4 Minuten die Pfeffersteaks nach Belieben mit gegrilltem Obst servieren.

Filet mit gegrillten Maiskolben

(Abb. oben)

1 Eßl. Speiseöl	erhitzen
4 Rinderfilet-scheiben (je 150 g)	darin von jeder Seite braten
4 Teel. grüne Pfeffer-körner	darüber geben, etwas festdrücken, die Steaks auf einer vorgewärmten Platte anrichten, warm stellen von
4 Maiskolben (je 200 g)	die Blätter mit den Fäden abziehen oder abschneiden die Maiskolben waschen
3 Eßl. Speiseöl	in einer Grillpfanne erhitzen, die Maiskolben darin von allen Seiten braten
160 g Kräuterbutter	in 8 Scheiben schneiden, auf die Maiskolben und die Steaks verteilen
Bratzeit für die Steaks:	Jede Seite etwa 3 Minuten
Bratzeit für die Maiskolben:	Etwa 10 Minuten.

Rumpsteaks mit gedünsteten Schalotten

750 g Schalotten	abziehen, große Schalotten halbieren
40 g Butter	zerlassen, die Schalotten darin andünsten
4 Eßl. Weißwein	
1 Teel. grüne Pfefferkörner	hinzufügen, mit
Salz, Pfeffer	würzen, zugedeckt etwa 10 Minuten dünsten lassen, ab und zu umrühren bei
4 Rumpsteaks	die Sehnen an den Rändern etwas einschneiden
2 Eßl. Speiseöl	mit
1 Eßl. Butter	erhitzen, die Rumpsteaks darin braten lassen, mit Salz, Pfeffer bestreuen, auf einer vorgewärmten Platte anrichten den Bratensatz mit
2 Eßl. Weißwein	loskochen, über die Rumpsteaks geben, die Zwiebeln mit auf der Platte anrichten oder dazureichen.
Bratzeit:	Von jeder Seite etwa 3 Minuten.
Beilage:	Röstkartoffeln, gemischter Salat.

Rindersteaks mit Bananen-Zwiebeln

(Abb. unten)

200 g Zwiebeln	abziehen, in Scheiben schneiden
2 Rinderfiletsteaks (je etwa 150 g)	leicht flach klopfen, etwas zusammendrücken
30 g Fett	erhitzen, die Steaks auf beiden Seiten darin braten, mit
Salz, Pfeffer	bestreuen, auf eine vorgeheizte Platte legen
20 g Butter	erhitzen, die Zwiebeln darin bräunen lassen
2 Bananen	schälen, in nicht zu dünne Scheiben schneiden, zu den Zwiebeln geben, kurze Zeit miterhitzen (dürfen nicht zerfallen), mit wenig Salz und Pfeffer abschmecken die Bananen-Zwiebeln auf den Steaks anrichten
Bratzeit:	Etwa 10 Minuten.
Beilage:	Pommes gratin, Kresse-Salat.

Raffiniert und rustikal gegrillt

Leber-Spieße mit Pflaumen-Soße

(Abb. oben)

4 Scheiben Rinderleber (etwa 400 g)	unter fließendem kaltem Wasser abspülen, trockentupfen, evtl. Haut, Röhren und Sehnen entfernen, in Würfel schneiden
20 entsteinte Pflaumen (etwa 200 g)	mit
150 g dänischem Frühstücksschinken (in Scheiben)	umwickeln Leberwürfel und Speck-Pflaumen abwechselnd auf Spieße stecken, mit
1 Eßl. Speiseöl	bestreichen, unter den vorgeheizten Grill schieben
Grillzeit:	Von jeder Seite etwa 5 Minuten
	für die Soße
250 g entsteinte Backpflaumen	mit
1 Zimtstange	in
250 ml (¼ l) schwarzem Tee	zum Kochen bringen, kochen lassen die Zimtstange herausnehmen, die Pflaumen pürieren
3 Eßl. Schlagsahne	unterrühren, mit
1 Eßl. Sherryessig	abschmecken
Garzeit:	Etwa 10 Minuten.
Beilage:	Kartoffelpüree, Spätzle.

Roastbeef mit Quark-Remoulade

	Für die Quark-Remoulade
2 gehäufte Eßl. Mayonnaise	mit

125 g Speisequark 4-5 Eßl. Schlagsahne	verrühren
1 kleine Zwiebel	abziehen
1 hartgekochtes Ei	pellen
1 kleinen Apfel	schälen, vierteln, entkernen die 3 Zutaten mit
1 kleinen Gewürzgurke	in kleine Würfel schneiden, unter den Quark rühren
½ Eßl. Kapern 1 Eßl. gehackte Petersilie	unterrühren, die Quark-Remoulade mit
Salz Pfeffer Zucker Zitronensaft	abschmecken
500 g Roastbeef (gut abgehangen)	von Haut und Fett befreien, unter fließendem kaltem Wasser abspülen, trockentupfen, mit
Paprika edelsüß	einreiben, auf den Drehspieß schieben, mit den Haltegabeln befestigen, unter den vorgeheizten Grill hängen mit Pfeffer,
1 Eßl. Speiseöl ½ gestrichenen Teel. Salz	verrühren, das Roastbeef während des Grillens ab und zu damit bestreichen das gare Roastbeef stehenlassen, bis es kalt ist, in dünne Scheiben schneiden, auf einer Platte anrichten, mit
Tomatenachteln gefächerten Gurken Petersilie	garnieren, mit der Quark-Remoulade servieren
Grillzeit Strom:	Je nach Dicke des Roastbeefs 25-35 Minuten
Gas:	Je nach Dicke des Roastbeefs 35-40 Minuten.
Beigabe:	Stangenweißbrot, Chicorée-Salat oder Fenchel-Orangen-Salat.

Filetsteaks

4 Rinderfiletsteaks (je etwa 125 g)	leicht flach klopfen, etwas zusammendrücken, mit
etwas Speiseöl	bestreichen, auf den heißen Grillrost legen, unter den vorgeheizten Grill schieben zunächst von der einen, dann von der anderen Seite grillen.
Grillzeit Strom:	1. Seite etwa 7 Minuten, 2. Seite etwa 5 Minuten
Gas:	1. Seite 3-4 Minuten, 2. Seite 2-4 Minuten die Steaks mit
etwas Salz	bestreuen.
Beilage:	Kräuterbutter, Folienkartoffeln, Kresse-Salat.

T-Bone-Steaks in Tomaten-Rotwein-Marinade

(8 Portionen- Abb. unten)

	Für die Marinade
3 Zwiebeln	abziehen, in Scheiben schneiden
2-3 Knoblauchzehen	abziehen, fein würfeln
250 g Tomaten	kurze Zeit in kochendes Wasser legen (nicht kochen lassen), in kaltem Wasser abschrecken, enthäuten, halbieren, entkernen, die Stengelansätze entfernen, das Tomatenfleisch grob zerkleinern, mit
6 Eßl. Olivenöl 6 Eßl. Rotweinessig 125 ml (⅛ l) Rotwein 2 Eßl. eingelegtem grünem Pfeffer	in eine Schüssel geben, pürieren Zwiebelringe, Knoblauchwürfel,
2-3 Lorbeerblätter 1-2 Eßl. gehackte Thymianblättchen	unterrühren
8 T-Bone-Steaks (je etwa 350 g)	unter fließendem kaltem Wasser abspülen, trockentupfen, in die Marinade legen, 24 Stunden darin ziehen lassen, dabei einige Male wenden die T-Bone-Steaks abtropfen lassen, auf dem Holzkohlengrill von jeder Seite 10-15 Minuten grillen, ab und zu mit der Marinade bestreichen.
Beilage:	Folien-Kartoffeln mit Kräuter-Crème fraîche-Soße, bunte Salat-Platte.

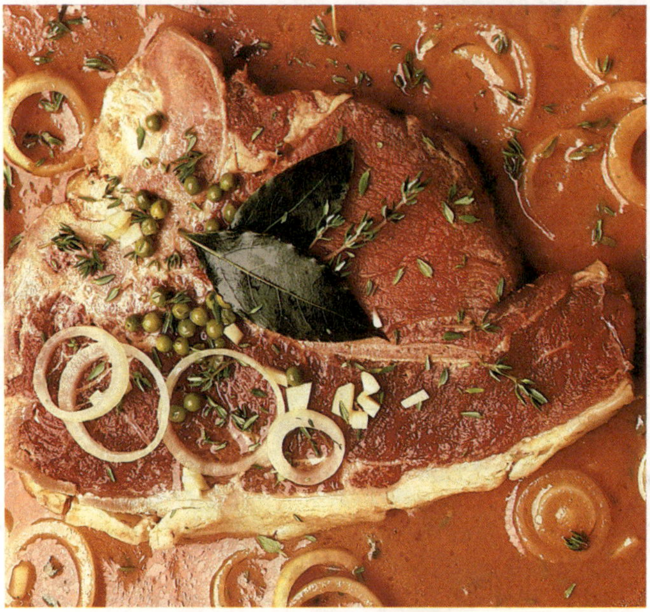

Leber
(Abb. unten)

4 Scheiben Rinderleber (1½–2½ cm dick) unter fließendem kaltem Wasser abspülen, trockentupfen, von der feinen Haut, den Sehnen und Röhren befreien, mit
Pfeffer bestreuen, mit
Speiseöl bestreichen, auf den heißen Grillrost legen, unter den vorgeheizten Grill schieben, von beiden Seiten grillen
die gare Leber mit
Salz bestreuen, nach Belieben mit
Apfelsinenscheiben
Preiselbeerkompott anrichten

Grillzeit
Strom: 1. Seite 3–4 Minuten
2. Seite 3–3½ Minuten
Gas: Jede Seite 2½–3½ Minuten.
Beilage: Kartoffeln oder Kroketten, Chicorée-Mandarinen-Salat.

Rumpsteaks mit Meerrettich-Sahne

Für die Meerrettich-Sahne

125 ml (1/8 l) Schlagsahne steif schlagen
1 Eßl. geriebenen Meerrettich (frisch oder aus dem Glas) unterrühren, mit
Salz abschmecken
4 Scheiben Roastbeef (je etwa 150 g, 2½ cm dick) leicht zusammendrücken, auf den heißen Grillrost legen, möglichst hoch unter die Glühstäbe des vorgeheizten Grills schieben, zunächst von der einen, dann von der anderen Seite grillen
die Fleischscheiben jeweils nach 1 Minute mit
Speiseöl bestreichen
Salz, Pfeffer
Paprika edelsüß mischen, die garen Rumpsteaks damit bestreuen, die Steaks mit der Meerrettich-Sahne servieren

Grillzeit
Strom: Jede Seite etwa 5 Minuten
Gas: 1. Seite etwa 3 Minuten, 2. Seite etwa 2 Minuten.
Beilage: Röstkartoffeln, Feldsalat.

Hackfleisch-Steaks

1 große Zwiebel abziehen, fein hacken, mit
750 g Rindergehacktem
1 Eßl. zerlassener Butter
etwas Wasser gut vermengen, mit
Salz, Pfeffer
Rosenpaprika würzen
aus der Masse mit nassen Händen Frikadellen formen, leicht flachdrücken
auf dem Holzkohlengrill oder unter dem Elektrogrill von beiden Seiten knusprig braun braten
Grillzeit: Etwa 10 Minuten.

Schaschlik mit pikanter Soße

Für die Soße

6 Eßl. Tomatenketchup mit
2 Eßl. Speiseöl
2 Eßl. mittelscharfem Senf
1 Eßl. Sardellenpaste verrühren
1 kleine Zwiebel abziehen, reiben, zusammen mit
etwas gehackter Petersilie darunter rühren, mit
Salz abschmecken
100 g Schweinefilet
100 g Kalbsfilet
100 g Schweine- oder Rinderleber
75 g durchwachsenen Räucherspeck in etwa 2½ cm große Würfel schneiden
abwechselnd auf Spieße stecken
die Spieße mit
etwas Speiseöl bestreichen, auf den gleichmäßig beheizten Grillrost legen
während des Grillens die Spieße ab und zu wenden
Grillzeit: Etwa 10 Minuten
den Schaschlik mit
Salz, Pfeffer
Paprika edelsüß bestreuen, mit der Soße servieren.

Ochsenleber vom Grill

(Abb. unten)

4 Scheiben Ochsenleber (etwa 1 ½ cm dick)	unter fließendem kaltem Wasser abspülen, trockentupfen, evtl. Haut, Sehnen und Röhren entfernen
	für die Marinade
6 Eßl. Olivenöl	mit
2 Eßl. Zitronensaft	verrühren, mit
Salz	
Pfeffer	
Senfpulver	würzen, die Leberscheiben damit beträufeln, übereinander legen, zugedeckt etwa 1 Stunde durchziehen lassen die Leberscheiben aus der Marinade nehmen, trockentupfen, auf dem Holzkohlengrill unter mehrfachem Wenden grillen, mit
Brunnenkresse	garnieren
Grillzeit:	5–7 Minuten.
Beilage:	Orangen-Salat, Zwiebelringe.
Tip:	Die Leber kann auch unter dem Elektrogrill zubereitet werden, jedoch fehlt dann der typische Rauchgeschmack.

Kalb

Kalbsgulasch mit Kapern-Soße

(Abb. unten)

1 ¼ kg Kalbsbrust (mit Knochen) unter fließendem kaltem Wasser abspülen, trockentupfen, von Knochen, Knorpel und Fett befreien, das Fett fein würfeln, auslassen
die Knochen in Stücke hacken, waschen
das Fleisch in kleine Würfel schneiden

1 Bund Suppengrün putzen, waschen, kleinschneiden
2 Zwiebeln abziehen, vierteln
Knochen, Knorpel, Suppengrün und Zwiebelviertel in dem ausgelassenen Fett gut anbraten
3 Lorbeerblätter
1 Teel. weiße Pfefferkörner
125 ml (1/8 l) Weißwein
750 ml (3/4 l) kochendes Wasser hinzufügen, zum Kochen bringen, abschäumen, auf etwa 500 ml (1/2 l) einkochen lassen, durch ein Sieb geben, entfetten
2 Eßl. des abgenommenen Fettes erhitzen, die Kalbfleischwürfel darin von allen Seiten anbraten, mit
2 Eßl. Weizenmehl bestäuben, durchdünsten lassen, die heiße Brühe hinzufügen, zum Kochen bringen, mit
Salz
Pfeffer würzen, 60-90 Minuten kochen lassen
500 g Champignons putzen, waschen, etwa 15 Minuten vor Beendigung der Garzeit hinzufügen
1 Bund Frühlingszwiebeln putzen, waschen, in 1 cm breite Ringe schneiden, dabei 1/3 des Grüns mitverwenden, etwa 5 Minuten vor Beendigung der Garzeit hinzufügen
125 ml (1/8 l) Schlagsahne unterrühren
50 g Kapern (aus dem Glas) abtropfen lassen, die Flüssigkeit auffangen, die Kapern mit 1 Eßl. der Flüssigkeit in das Ragout geben, mit
Zitronensaft abschmecken, noch etwa 5 Minuten durchziehen lassen
Kochzeit für die Brühe: Etwa 60 Minuten
Garzeit für das Gulasch: 60-90 Minuten.
Beilage: Nudeln oder Reis, Zucchini-Tomaten-Salat.

Leberknödel

400 g Semmeln in knapp 2 mm dicke Blättchen schneiden, mit
500 ml (1/2 l) kochendheißer Milch übergießen, 1 Stunde quellen lassen
250 g Kalbs- oder Rinderleber von der Haut befreien
1 Zwiebel abziehen
beide Zutaten durch den Fleischwolf drehen, mit
gehackter Petersilie
2 Eiern
3 g (1 gestrichener Teel.) Backpulver unter die Semmelmasse rühren
die Masse mit
Salz, Pfeffer
gerebeltem Majoran
abgeriebener Zitronenschale (ungespritzt) abschmecken, mit nassen Händen Klöße daraus formen, in
kochendes Salzwasser geben, zum Kochen bringen, gar ziehen lassen (Wasser muß sich leicht bewegen)
Leberknödel in Kräuter-Soße anrichten
Garzeit: Etwa 20 Minuten.

Kalbsmilch

750 g Kalbsmilch mehrere Stunden wässern, damit sie weiß wird, sie danach zunächst mit kochendem, dann mit kaltem Wasser übergießen, damit sie erstarrt und die Blutäderchen besser entfernt werden können
die Kalbsmilch in
500 ml (1/2 l) kochendes Salzwasser geben, zum Kochen bringen, gar kochen lassen
Kochzeit: Etwa 15 Minuten.

Schmornierchen

(Abb. unten)

600 g Kalbsnieren aufschneiden, von den Röhren befreien, in Scheiben schneiden, gründlich waschen, mit kochendheißem Wasser übergießen, 30 Minuten darin liegen lassen, abtropfen lassen
die Nieren mit
Salz, Pfeffer bestreuen, in
Weizenmehl wenden
50 g Pflanzenfett erhitzen, die Nieren unter Wenden darin braun braten
den Bratensatz mit
250 ml (1/4 l) Wasser loskochen, die Nieren schmoren lassen
nach Belieben
etwas Weizenmehl mit
kaltem Wasser anrühren, die Schmorflüssigkeit damit binden, mit
Paprika edelsüß
Zitronensaft abschmecken, mit
gehackter Petersilie bestreuen
Schmorzeit: Etwa 25 Minuten.
Die Schmornierchen im Reisring anrichten.

Flambierte Kalbsnieren mit Oliven

(Abb. unten)

750 g Kalbsnieren	aufschneiden, von den Röhren befreien, gründlich waschen, mit
500 ml (½ l) Milch	übergießen, 1 Stunde darin liegen lassen, trockentupfen, in etwa 3 cm große Stücke schneiden, mit
1 Teel. Weizenmehl	bestäuben
2 Schalotten (oder 1 Zwiebel)	abziehen, würfeln
4 dünne Scheiben Frühstücksspeck	kleinschneiden, anbraten, herausnehmen
2 Eßl. Butter	erhitzen, die Nierenstücke darin anbraten, etwa 4 Minuten braten lassen, Schalotten-(Zwiebel-)Würfel hinzufügen, kurz mitbraten lassen
60 g spanische Oliven, mit Paprika gefüllt	
1 Eßl. gehackte Petersilie	unterrühren, die gebratenen Speckstücke hinzufügen, mit
Salz	
frisch gemahlenem Pfeffer	würzen
2 Eßl. Weinbrand	erwärmen, über die Nieren gießen, anzünden, sofort servieren
Bratzeit:	10-15 Minuten.
Beilage:	Butterreis, grüner Salat oder Endivien-Apfel-Salat.

Kalbshirn

600 g Kalbshirn	so lange wässern, bis das Blut ausgezogen ist das Hirn von Haut und Adern befreien, mit
1 Eßl. Essig	in
500 ml (½ l) kochendes Salzwasser	geben, zum Kochen bringen, abschäumen
1 Bund Petersilie	waschen, hinzufügen, das Kalbshirn gar ziehen lassen das gut abgetropfte Kalbshirn auf einer vorgewärmten Platte anrichten, mit
gebräunter Butter	übergießen
Kochzeit:	5-6 Minuten.
Veränderung:	Kalbshirn auch zur Verfeinerung von Ragout fin verwenden; soll das Kalbshirn gebraten werden, es in der Brühe erkalten lassen, herausnehmen, abtropfen lassen, mit Salz, Pfeffer bestreuen, in Weizenmehl, verschlagenem Ei, Semmelmehl wenden, in zerlassener Margarine braten.
Beigabe:	Tomatensalat, Toastbrot.

Saltimbocca-Röllchen

(Im Schnellkochtopf - Abb. oben)

8 kleine, dünne Kalbsschnitzel (je 75-100 g)	unter fließendem kaltem Wasser abspülen, trockentupfen, leicht flachklopfen, mit
1 Eßl. Zitronensaft	beträufeln, mit
Salz	
Pfeffer	bestreuen
8 Salbeiblätter	vorsichtig abspülen, trockentupfen, je eines auf jedes Schnitzel legen, mit
8 kleinen Scheiben rohem Schinken	belegen, aufrollen, mit Holzspießchen feststecken
50 g Butter	im Schnellkochtopf erhitzen, die Röllchen von allen Seiten darin anbraten
125 ml (⅛ l) Wasser	
knapp 125 ml (⅛ l) Marsala oder Weißwein	hinzugießen, den Schnellkochtopf schließen, die Röllchen in etwa 6 Minuten garen lassen die Saltimbocca-Röllchen von den Holzspießchen befreien, die Röllchen in eine vorgewärmte Schüssel geben, warm stellen
2 Eßl. Crème fraîche	unter die Schmorflüssigkeit rühren nach Belieben
etwas Weizenmehl	mit
etwas kaltem Wasser	anrühren, die Schmorflüssigkeit damit binden, die Soße mit Salz, Pfeffer,
Pilz-Sojasoße (aus dem Reformhaus) oder Fleischextrakt	abschmecken die Soße über die Fleischröllchen gießen, mit
Salbeiblättern	garnieren.
Beilage:	Reis oder Butternudeln, Salat.

Osso bucco

(Kalbshaxe)

1 Kalbshaxe (etwa 2 kg)	vom Schlachter quer in 4-6 cm dicke Scheiben schneiden lassen das Fleisch unter fließendem kaltem Wasser abspülen, trockentupfen, mit
Salz, Pfeffer	einreiben, in
Weizenmehl	wenden
2 Eßl. Olivenöl	erhitzen, die Haxenstücke gut darin anbraten, aus dem Bratfett nehmen, warm stellen das Bratfett mit
125 ml (⅛ l) Weißwein	
125 ml (⅛ l) Instant-Fleischbrühe	loskochen
3 Möhren	putzen, schrappen
1 Stück Sellerieknolle	putzen, schälen beide Zutaten waschen, in kleine Würfel schneiden
4 Zwiebeln	abziehen, würfeln
2 Eßl. Butter	zerlassen, das Gemüse mit den Zwiebelwürfeln unter häufigem Umrühren darin dünsten lassen, bis es leicht gebräunt ist
etwa 500 g Tomaten (aus der Dose)	abtropfen lassen, die Flüssigkeit auffangen, die Tomaten in Stücke schneiden, mit der Flüssigkeit,
1 Lorbeerblatt	
gerebeltem Basilikum	
gerebeltem Thymian	
gehackter Petersilie	zu dem Gemüse geben, mit Salz, Pfeffer würzen die Haxenstücke auf das Gemüse legen die Bratenflüssigkeit darüber geben, das Gericht zum Kochen bringen, zugedeckt in dem vorgeheizten Backofen schmoren lassen
Strom:	225-250
Gas:	4-5
Schmorzeit:	Etwa 1 ¼ Stunden.

Kalbfleischfrikassee

(Abb. unten)

600 g Kalbfleisch (ohne Knochen)	unter fließendem kaltem Wasser abspülen, in Würfel schneiden, in
750 ml (¾ l) kochendes Salzwasser	geben, zum Kochen bringen, abschäumen
1 mittelgroße Zwiebel	abziehen, mit
1 Lorbeerblatt	
3 Gewürznelken	spicken, hinzufügen das Fleisch gar kochen lassen die Brühe durch ein Sieb gießen, 500 ml (½ l) davon abmessen
	für die Soße
30 g Butter oder Margarine	zerlassen
35 g Weizenmehl	unter Rühren so lange darin erhitzen, bis es hellgelb ist
500 ml (½ l) Kalbfleischbrühe	hinzugießen, mit einem Schneebesen durchschlagen, darauf achten, daß keine Klumpen entstehen, die Soße zum Kochen bringen, etwa 5 Minuten kochen lassen das Fleisch in die Soße geben, kurz aufkochen lassen
1 Eigelb	mit
2 Eßl.	
kalter Milch	verschlagen, das Frikassee damit abziehen (nicht mehr kochen lassen), mit
Zitronensaft	
Salz	
Pfeffer	
Zucker	abschmecken
Kochzeit:	45-60 Minuten.
Veränderung:	Das Frikassee nach Belieben durch Fleischklößchen, Blumenkohlröschen, Spargelstücke, Champignons, gehackte Sardellen verfeinern.
Beilage:	Reis (Reisrand), Spargel.

Kalbfleisch

600 g Kalbsbrust (ohne Knochen)	unter fließendem kaltem Wasser abspülen, in
1½ l kochendes Salzwasser	geben, zum Kochen bringen
1 Bund Suppengrün	putzen, waschen, hinzufügen das Fleisch gar kochen lassen, aus der Brühe nehmen, in Scheiben schneiden, auf einer vorgewärmten Platte anrichten, mit dem geschnittenen Suppengrün garnieren
Kochzeit:	Etwa 1½ Stunden.
Veränderung:	Anstelle von Kalbsbrust Kalbsschulter bzw. -blatt (ohne Knochen) verwenden.
Beilage:	Das Kalbfleisch mit einer Meerrettich-Sahne-Soße und Salzkartoffeln reichen oder mit gefrorenem Sahne-Meerrettich, kleinen Petersilien-Kartoffeln und mariniertem Gemüse.

Rahmgeschnetzeltes mit Champignons

(Abb. oben)

500 g schieres Kalb- oder Schweinefleisch	unter fließendem kaltem Wasser abspülen, trockentupfen, in hauchdünne, teelöffelgroße Scheiben schneiden, mit
2 Eßl. Weizenmehl	bestäuben
1 mittelgroße Zwiebel	abziehen, würfeln
1 Eßl. Butter oder Margarine	erhitzen, die Hälfte der Zwiebelwürfel, die Hälfte des Fleisches etwa 2 Minuten unter öfterem Umrühren darin braten lassen, aus der Pfanne nehmen
1 Eßl. Butter oder Margarine	erhitzen, das restliche Fleisch und die restlichen Zwiebelwürfel hineingeben, auf die gleiche Weise zubereiten das Fleisch warm stellen
1 mittelgroße Zwiebel	abziehen, würfeln
1 Eßl. Butter	zerlassen, die Zwiebelwürfel darin andünsten
200 g Champignons (aus der Dose)	abtropfen lassen, in Scheiben schneiden, zu den Zwiebelwürfeln geben, durchdünsten lassen, das Fleisch
125 ml (⅛ l) Weißwein	
250 ml (¼ l) Schlagsahne	hinzufügen, mit
Salz	
weißem Pfeffer	
Zucker	würzen, das Geschnetzelte etwa 6 Minuten erhitzen, sofort servieren
Garzeit:	Etwa 15 Minuten.
Beilage:	Berner Rösti, Salat.
Tip:	Anstelle von Champignons können auch Pfifferlinge oder Steinpilze verwendet werden.

Kalbshaxe auf Tomaten-Linsen

(Abb. oben)

200 g Linsen	waschen, mit
750 ml (¾ l) Wasser	zum Kochen bringen, zugedeckt etwa 30 Minuten kochen lassen, abgießen
1 Kalbshaxe (etwa 1½ kg)	vom Schlachter quer in 4-6 cm dicke Scheiben schneiden lassen das Fleisch unter fließendem kaltem Wasser abspülen, trockentupfen, die Haut ringsherum etwas einschneiden, das Fleisch mit
Salz	einreiben
6 Eßl. Speiseöl	in einem großen Bratentopf erhitzen, die Haxenscheiben gut darin anbraten, herausnehmen
4 Knoblauchzehen	abziehen, fein hacken
150 g Zwiebeln	abziehen, würfeln
1 Bund Suppengrün	putzen, waschen, fein würfeln die Hälfte des Knoblauchs, die Zwiebelwürfel, das Suppengrün in dem Bratfett kurz andünsten die vorbereiteten Linsen,
2 Teel. Rosenpaprika, scharf	

1 Eßl. gerebelten Rosmarin hinzufügen, unterrühren
125 ml (⅛ l) Fleischbrühe hinzugießen
die Haxenscheiben in das Gemüse geben, etwas damit bedecken, den Bratentopf zugedeckt in den vorgeheizten Backofen schieben,
die Haxen schmoren lassen
etwa 500 g Tomaten (aus der Dose) abtropfen lassen, grob hacken, mit
200 ml Rotwein unter das Linsengemüse rühren, zugedeckt im Backofen gar schmoren lassen
Strom: 225-250
Gas: 4-5
Schmorzeit: 1½-2 Stunden
die Haxenscheiben herausnehmen, warm stellen
das Linsengemüse mit Salz,
Zucker abschmecken, die Flüssigkeit evtl. etwas einkochen lassen
1 Bund glatte Petersilie abspülen, fein hacken, mit den restlichen Knoblauchwürfeln unterrühren, die Haxenscheiben auf das Gemüse geben, sofort servieren.
Beilage: Weißbrot.

Kalbsschmorbraten

1 kg Kalbfleisch (aus der Schulter, ohne Knochen) unter fließendem kaltem Wasser abspülen, trockentupfen
1 Bund Suppengrün putzen, waschen, kleinschneiden
50 g Pflanzenfett erhitzen, das Fleisch von allen Seiten gut darin anbraten, mit
Salz
Pfeffer
gemahlenem Rosmarin bestreuen
Suppengrün
1 Lorbeerblatt
5 Pfefferkönrer hinzufügen, kurz miterhitzen
etwas von
500 ml (½ l) heißem Wasser hinzugießen, das Fleisch schmoren lassen, von Zeit zu Zeit wenden, verdampfte Flüssigkeit nach und nach ersetzen
das gare Fleisch in Scheiben schneiden, auf einer vorgewärmten Platte anrichten, warm stellen
den Bratensatz durch ein Sieb gießen, entfetten, nach Belieben mit Flüssigkeit auffüllen, zum Kochen bringen
etwas Weizenmehl mit
kaltem Wasser anrühren, den aufgefüllten Bratensatz damit binden
3 schwach geh. Eßl. Crème fraîche unterrühren, die Soße mit Salz, Pfeffer abschmecken
Schmorzeit: Etwa 2 Stunden.
Beilage: Grüne Spätzle, Erbsen-Gemüse.

Kalbsnierenbraten

(Abb. unten)

1 kg gerollten Kalbsnierenbraten unter fließendem kaltem Wasser abspülen, trockentupfen, mit
Salz, weißem Pfeffer einreiben
1 Zwiebel abziehen, würfeln
1 Möhre putzen, schrappen, waschen, in Würfel schneiden
2 enthäutete Tomaten in Würfel schneiden
½ abgezogene Knoblauchzehe fein hacken
3 Eßl. Speiseöl in einem Bratentopf erhitzen, das Fleisch darin von allen Seiten anbraten
die zerkleinerten Zutaten hinzufügen, unter Wenden etwa 5 Minuten andünsten
250 ml (¼ l) heißes Wasser hinzugießen
1 Lorbeerblatt
5 getrocknete Pilze
Schale von ½ Zitrone (ungespritzt) hinzugeben
den Braten in den vorgeheizten Backofen schieben, von Zeit zu Zeit mit der Bratenflüssigkeit begießen, das gare Fleisch in Scheiben schneiden, auf einer vorgewärmten Platte anrichten, warm stellen, den Bratensatz mit etwas Wasser loskochen, durch ein Sieb gießen
etwas Weizenmehl mit
kaltem Wasser anrühren, den aufgefüllten Bratensatz damit binden
Strom: 200-225, Gas: 3-4
Schmorzeit: 1½-1¾ Stunden.
Beilage: Prinzeßbohnen mit gebratenen Speckscheiben, Spargel, Herzogin-Kartoffeln.

Schwalbennester

(Kalbsrouladen mit Ei - Abb. unten)

4 Scheiben Kalbfleisch (je 150 g, aus der Keule geschnitten)
4 Scheiben roher Schinken
4 Scheiben Speck
4 gekochte, gepellte Eier — auf jede Kalbfleischscheibe 1 Scheibe Schinken, 1 Scheibe Speck, 1 Ei legen, das Fleisch von der schmalen Seite her aufrollen, mit einer Bratennadel oder Küchengarn zusammenhalten

60 g Margarine — erhitzen, die Rouladen von allen Seiten gut darin anbraten
etwas von

250 ml (¼ l) heißem Wasser — hinzugießen, die Rouladen schmoren lassen, von Zeit zu Zeit wenden, verdampfte Flüssigkeit nach und nach ersetzen
wenn die Rouladen gar sind, die Bratennadeln (Küchengarn) entfernen
nach Belieben den Bratensatz mit Flüssigkeit auffüllen, zum Kochen bringen

etwas Weizenmehl — mit

kaltem Wasser — anrühren, den aufgefüllten Bratensatz damit binden

2 Eßl. saure Sahne — hinzufügen, die Soße mit

Salz — abschmecken
die Rouladen in Hälften oder in Scheiben schneiden, in der Soße anrichten

Schmorzeit: Etwa 1 Stunde.

Veränderung: Die Soße durch feingehackte Sardellen oder Champignons verfeinern.

Beilage: Blumenkohl, Butterkartoffeln.

Geschmorte Kalbsnuß

(6 Portionen)

Für die Marinade

1 l herben Rotwein — mit

1 Lorbeerblatt
1 Nelke
1 Stück Stangenzimt
1 abgezogenen, geviertelten Zwiebel — zum Kochen bringen, kurz aufkochen, erkalten lassen

1 Kalbsnuß (etwa 1½ kg) — unter fließendem kaltem Wasser abspülen, trockentupfen, mit

1 gestrichenen Teel. Paprika edelsüß — einreiben
die Rotweinmarinade über das Fleisch gießen, zugedeckt 2 Tage an einem kühlen Ort stehenlassen
das Fleisch herausnehmen, trockentupfen, mit

Salz, Pfeffer — einreiben
die Marinade durch ein Sieb gießen

50 g Speck — in Würfel schneiden, auslassen
die Kalbsnuß im Speckfett von allen Seiten gut anbraten, Zwiebel und Gewürze aus der Marinade hinzufügen, mitbräunen lassen
250 ml (¼ l) von der Rotweinmarinade hinzufügen, in den Backofen stellen, das Fleisch von Zeit zu Zeit wenden, verdampfte Flüssigkeit nach und nach durch Marinade ersetzen
das gare Fleisch in Scheiben schneiden, auf einer vorgewärmten Platte anrichten, warm stellen
den Bratensatz mit Wasser oder Marinade loskochen, durch ein Sieb gießen, zum Kochen bringen

Weizenmehl — mit

kaltem Wasser — anrühren, die Bratenflüssigkeit damit binden, mit Salz, Pfeffer, abschmecken

3-4 Eßl. Schlagsahne — unterrühren

Strom: 220-230

Gas: 3-4

Schmorzeit: Etwa 1¾ Stunden.

Beilage: Chicoréegemüse, Kräuterkartoffeln.

Kalbszunge

600 g küchenfertige Kalbszunge unter fließendem kaltem Wasser abspülen, in

1 ½ l kochendes Salzwasser geben, zum Kochen bringen, abschäumen

1 Päckchen (75 g) tiefgekühltes Suppengrün hinzufügen, die Zunge gar kochen lassen (die Zunge ist gar, wenn sich die Spitze weich ansticht)
die gare Zunge mit kaltem Wasser abspülen, die Haut abziehen, solange die Zunge heiß ist
das obere knorpelige Ende ablösen
die Zunge bis zum Anrichten wieder in die heiße Brühe geben, herausnehmen, in fingerdicke Scheiben schneiden, auf einer vorgewärmten Platte anrichten

Kochzeit: 1 ¾ Stunden.
Beilage: Champignon-Soße, Risotto.

Ragout vom Kalbsherz

(Abb. oben)

600 g Kalbsherz quer in Hälften schneiden, Adern, Haut, Blut entfernen, das Fleisch wässern, in Stücke schneiden, in

500 ml (½ l) kochendes Salzwasser geben, zum Kochen bringen, abschäumen

1 Lorbeerblatt
3 Gewürznelken
5 Pimentkörner (Nelkenpfeffer) hinzufügen, das Fleisch gar kochen lassen
die Brühe durch ein Sieb geben, 500 ml (½ l) davon abmessen (evtl. mit Wasser auffüllen)

für die Soße

50 g Margarine zerlassen

50 g Weizenmehl unter Rühren so lange darin erhitzen, bis es braun ist

1 mittelgroße Zwiebel abziehen, fein würfeln, in das leicht gebräunte Mehl geben

500 ml (½ l) Kalbsherzbrühe hinzugießen, mit einem Schneebesen durchschlagen, darauf achten, daß keine Klumpen entstehen, die Soße zum Kochen bringen, etwa 5 Minuten kochen lassen, das Fleisch in die Soße geben, kurz aufkochen lassen
das Ragout mit

Salz, Pfeffer
1 Eßl. Zitronensaft
Zucker abschmecken

1 Essiggurke in Würfel oder Scheiben schneiden, in das Ragout geben

Kochzeit: Etwa 1 ½ Stunden.

Je zarter, je lieber – Kalbfleisch gebraten und gegrillt

Gefüllte Kalbsbrust

(6 Portionen – Abb. unten)

	Für die Füllung
2 Brötchen (Semmeln)	in kaltem Wasser einweichen
2 mittelgroße Zwiebeln	abziehen, fein würfeln
750 g Gehacktes (halb Rind-, halb Schweinefleisch)	mit den gut ausgedrückten Brötchen, den Zwiebeln,
2 Eiern **2 Eßl. gehackten Kräutern (Petersilie, Schnittlauch, Dill, Basilikum)**	vermengen, mit
Salz	abschmecken
1½ kg Kalbsbrust (ohne Knochen, vom Metzger als Tasche geschnitten)	unter fließendem kaltem Wasser abspülen, trockentupfen, innen und außen mit Salz,
Pfeffer	einreiben, die Füllung in die Tasche geben, zunähen oder mit Holzspießchen zusammenhalten die Kalbsbrust mit
weicher Margarine	bestreichen, mit
50 g fetten Speckscheiben	belegen, auf dem Rost auf eine mit Wasser ausgespülte Rostbratpfanne legen, in den vorgeheizten Backofen schieben sobald der Bratensaft bräunt, etwas
heißes Wasser	hinzugießen, das Flcisch ab und zu mit dem Bratensatz begießen, verdampfte Flüssigkeit nach und nach ersetzen das gare Fleisch in Portionsstücke schneiden, mit der Füllung auf einer vorgewärmten Platte anrichten, warm stellen den Bratensatz loskochen, durch ein Sieb gießen, nach Belieben mit Flüssigkeit auffüllen, auf der Kochstelle zum Kochen bringen
etwas Weizenmehl	mit
kaltem Wasser	anrühren, den aufgefüllten Bratensatz damit binden
1 Becher (150 g) Crème fraîche	unterrühren die Soße mit Salz, Pfeffer abschmecken
Strom:	200–225
Gas:	3–4
Bratzeit:	Etwa 2¾ Stunden.
Beilage:	Leipziger Allerlei, Petersilien-Kartoffeln.

Kalbssteaks mit Bananen

(Abb. S. 64/65)

2 Bananen	schälen, der Länge nach halbieren
30 g Butter	zerlassen, mit
½ gestrichenen Teel. Currypulver **½ gestrichenen Teel. Paprika edelsüß**	verrühren einen Grillrost mit Alufolie belegen, die Bananenhälften mit der Hälfte der zerlassenen Butter bestreichen, unter den vorgeheizten Grill schieben, von jeder Seite grillen nach dem Umdrehen die Bananen mit der restlichen Butter bestreichen die gegrillten Bananen warm stellen
4 Kalbssteaks (je etwa 125 g, gut 2 cm dick)	unter fließendem kaltem Wasser abspülen, trockentupfen, leicht flachdrücken die Steaks auf den heißen Grillrost legen, unter den vorgeheizten Grill schieben
1 Eßl. Speiseöl	mit
1 Messerspitze Paprika edelsüß	verrühren, die Steaks jeweils nach 1 Minute damit bestreichen die garen Steaks mit
Salz	bestreuen, mit den Bananenhälften auf einer vorgewärmten Platte anrichten
Grillzeit für die Bananen:	Von jeder Seite etwa 2 Minuten
Grillzeit für die Steaks:	Von jeder Seite etwa 4 Minuten.

Kalbshaxe auf italienische Art

(Abb. oben)

1 Kalbshaxe (1½–2 kg)	unter fließendem kaltem Wasser abspülen, trockentupfen, mit
Salz, Pfeffer **gerebeltem Rosmarin** **gerebeltem Thymian**	würzen, in einen Bratentopf oder eine feuerfeste Form mit Deckel legen
4 Tomaten	waschen, vierteln
2 Zwiebeln **2 Knoblauchzehen**	abziehen, vierteln die 3 Zutaten um das Fleisch legen, mit Salz, Pfeffer,
gerebeltem Basilikum	bestreuen
125 ml (⅛ l) **Weißwein**	hinzugießen den verschlossenen Bratentopf in den Backofen stellen verdampfte Flüssigkeit nach und nach durch Wasser ersetzen nach etwa 1 Stunde Bratzeit den Deckel entfernen, das Fleisch ab und zu wenden, damit es gleichmäßig bräunt das gare Fleisch vom Knochen lösen den Bratensatz mit etwas Wasser loskochen, durch ein Sieb streichen, in einen Topf geben, evtl. mit Flüssigkeit auffüllen, zum Kochen bringen
etwas Weizenmehl	mit
kaltem Wasser	anrühren, den aufgefüllten Bratensatz damit binden
2 Eßl. Schlagsahne **Weißwein**	unterrühren, die Soße mit Salz, Pfeffer abschmecken, zu dem Fleisch reichen
Strom:	225–250, Gas: 3–4
Bratzeit:	2¼–2½ Stunden.
Beilage:	Kartoffelbrei, Broccoli-Gemüse.

Kalbsfilet mit Trauben und Mandeln

1 Kalbsfilet (etwa 600 g)	mit
Salz frisch gemahlenem Pfeffer	einreiben
2 Eßl. Speiseöl	erhitzen, das Fleisch von allen Seiten darin anbraten
1 Eßl. Butter oder Margarine	hinzufügen, bei geringer Hitze etwa 4 Minuten weiterbraten lassen das Kalbsfilet herausnehmen, in Alufolie wickeln, warm stellen den Bratensatz mit
250 ml (¼ l) heißer Fleischbrühe	loskochen, einkochen lassen, mit Salz, Pfeffer,
Zitronensaft	abschmecken
250 g grüne Weintrauben	waschen, gut abtropfen lassen, halbieren, entkernen, mit
100 g abgezogenen Mandeln	in die Soße geben, erhitzen das Fleisch aus der Folie wickeln, in Scheiben schneiden, mit der Soße anrichten
feingehackte Zitronenmelisseblättchen	darüber streuen
Bratzeit für das Filet:	18-20 Minuten
Kochzeit für die Soße:	Etwa 10 Minuten.
Beilage:	Butterreis, mit Zitronensaft abgeschmeckt, oder Stangenweißbrot.
Tip:	Statt Kalbsfilet Schweinefilet verwenden.

Gebratene Kalbshaxe

1½ kg Kalbshaxe	unter fließendem kaltem Wasser abspülen, trockentupfen
2 Eßl. Speiseöl 2 Teel. gerebelten Thymian 1 Teel. Salz	verrühren, die Haxe damit bestreichen, auf dem Rost in eine mit Wasser ausgespülte Rostbratpfanne legen, in den vorgeheizten Backofen schieben, braten lassen
etwa 125 ml (⅛) l Wasser	mit
125 ml (⅛) l hellem Bier	vermischen sobald der Bratensatz bräunt, mit der Flüssigkeit begießen
250 g kleine Zwiebeln	abziehen, nach etwa 1½ Stunden Bratzeit die Zwiebeln zu dem Fleisch geben, mitbraten lassen die gare Haxe mit den Zwiebeln auf einer vorgewärmten Platte anrichten, warm stellen den Bratensatz nach Belieben etwas einkochen lassen, mit Salz abschmecken
Strom:	200-225
Gas:	3-4
Bratzeit:	2-2½ Stunden.
Beilage:	Kartoffel- und Kraut-Salat.

Kalbshaxe

(Im Tontopf - Abb. rechts)

1 Kalbshaxe (1½-2 kg)	unter fließendem kaltem Wasser abspülen, trockentupfen, mit
Salz frisch gemahlenem Pfeffer	einreiben, mit
gerebeltem Rosmarin	bestreuen, mit
weicher Butter oder Margarine	bestreichen
4 Tomaten	waschen
2 Zwiebeln	abziehen beide Zutaten achteln, mit
gehackter Petersilie	in den gewässerten Tontopf geben, die Kalbshaxe darauf legen, den Tontopf mit dem Deckel verschließen, in den Backofen stellen ½ Stunde vor Beendigung der Garzeit den Deckel abnehmen, damit das Fleisch noch mehr bräunt
Strom:	200-225
Gas:	3-4
Garzeit:	2-2¼ Stunden das gare Fleisch von dem Knochen lösen, in Scheiben schneiden, auf einer vorgewärmten Platte anrichten, warm stellen

den Bratensatz mit dem Gemüse durch ein Sieb streichen, zum Kochen bringen, nach Belieben

3 Teel. Weizenmehl mit

2 Eßl. kaltem Wasser anrühren, den Bratensatz damit binden, die Soße mit Salz, Pfeffer abschmecken.

Beilage: Porree-Gemüse oder Zucker-Erbsen in Mandel-Butter.

Ragout fin in Muscheln

(Abb. unten)

300 g gekochte Kalbszunge
175 g gekochtes Kalbshirn
250 g gekochtes Kalbfleisch (ohne Knochen)

die Zutaten in kleine Würfel schneiden

für die Soße

40 g Butter oder Margarine zerlassen
50 g Weizenmehl unter Rühren so lange darin erhitzen, bis es hellgelb ist
500 ml (½ l) Fleischbrühe hinzugießen, mit einem Schneebesen durchschlagen, darauf achten, daß keine Klumpen entstehen, zum Kochen bringen, etwa 5 Minuten kochen lassen
100 g gedünstete Champignons abtropfen lassen, in kleine Stücke schneiden, mit dem Fleisch in die Soße geben, kurz aufkochen lassen
2 Eigelb mit
2 Eßl. kalter Milch verschlagen, das Ragout fin damit abziehen (nicht mehr kochen lassen), mit
2 Eßl. Zitronensaft
1 Eßl. Weißwein
Salz, Pfeffer
Worcestersoße abschmecken
die Masse in 12 Muschel- oder Ragout-fin-Förmchen füllen, mit
2 Eßl. Semmelmehl
3 Eßl. geriebenem Gouda-Käse bestreuen
Butter in Flöckchen darauf setzen, die Förmchen auf dem Rost in den vorgeheizten Backofen schieben

Strom: 225–250
Gas: 8
Backzeit: 10–15 Minuten.

Delikate Schnitzel

Für die Füllung

200 g getrocknete Aprikosen in
250 ml (¼ l) Cream Sherry 2–3 Stunden einweichen, abtropfen lassen (Flüssigkeit auffangen)
4 Kalbsschnitzel (aus der Keule – mit eingeschnittener Tasche) innen mit
frisch gemahlenem Pfeffer bestreuen, mit den eingeweichten Aprikosen füllen (einige zum Verzieren zurücklassen)
die Schnitzel mit Bratennadeln oder Holzstäbchen zustecken, mit Pfeffer,
Salz einreiben, in
4 Eßl. Weizenmehl wenden
6 Eßl. Speiseöl erhitzen, die Schnitzel darin von jeder Seite 6–8 Minuten braten lassen, herausnehmen, warm stellen, den Bratensatz mit der Einweichflüssigkeit,
250 ml (¼ l) Schlagsahne loskochen, etwas einkochen lassen, mit
Pfeffer
Salz
Sherry
Zucker abschmecken, die Schnitzel hineingeben, in etwa 10 Minuten gar schmoren lassen, auf einer vorgewärmten Platte anrichten, mit den zurückgelassenen Aprikosen garnieren

Garzeit: 30–35 Minuten.
Beilage: Risi Bisi, Feldsalat.

Filetspieße

(Abb. unten)

4 Schweinefiletscheiben
4 Kalbsfiletscheiben
4 Rinderfiletscheiben (jede Scheibe 50–60 g) die Filetscheiben mit
frisch gemahlenem schwarzem Pfeffer
1 Eßl. Olivenöl einreiben, zugedeckt etwa 1 Stunde durchziehen lassen
jeweils 1 Scheibe der 3 Fleischsorten auf 4 Spieße stecken
einen Grillrost mit
Butterschmalz leicht fetten, die Spieße darauflegen, unter den Grill schieben
die garen Filetspieße mit
Salz bestreuen, sofort servieren

Grillzeit: Von jeder Seite 4 Minuten.
Beilage: Spargel, blanchierter Löwenzahn, gedünstete Frühlingszwiebeln, Senf-Holländaise.

Kalbsleber mit Pfirsichen

(Abb. oben)

Etwa 400 g Pfirsichhälften (aus der Dose)	gut abtropfen lassen, den Saft auffangen
3 Eßl. Zucker	in einer Pfanne karamelisieren lassen den Pfirsichsaft,
1 Eßl. Weinessig 250 ml (¼ l) heiße Fleischbrühe	hinzugießen, zum Kochen bringen, so lange kochen lassen, bis die Flüssigkeit dicklich wird
1-2 Teel. Johannisbeer-Gelee	unterrühren
4 Scheiben Kalbsleber	unter fließendem kaltem Wasser abspülen, trockentupfen
4-5 Eßl. Margarine	erhitzen, die Leberscheiben hineingeben, von beiden Seiten braun braten, mit
Salz, Pfeffer	bestreuen, warm stellen die Pfirsichsoße mit dem Bratensatz verrühren, die Pfirsichhälften dazugeben, miterhitzen, die Soße mit
1-2 Eßl. Orangenlikör	abschmecken die Leberscheiben mit den Pfirsichhälften auf einer vorgewärmten Platte anrichten, die Soße dazureichen
Bratzeit:	Etwa 6 Minuten.
Beilage:	Bandnudeln, Salat-Platte.

Knuspriger Kalbsnierenbraten

(4-6 Portionen)

Etwa 1½ kg Kalbsnierenbraten	unter fließendem kaltem Wasser abspülen, trockentupfen, mit

Salz	
frisch gemahlenem	
Pfeffer	einreiben, mit dem
Saft von ½ Zitrone	beträufeln, auf dem Rost in eine Rostbratpfanne legen, mit
3 Eßl. Speiseöl	bestreichen, in den vorgeheizten Backofen schieben
125 ml (⅛ l) heißes Wasser	in die Rostbratpfanne gießen sobald der Bratensatz bräunt, etwas von
250 ml (¼ l) Instant-Fleischbrühe	hinzugießen das Fleisch ab und zu mit dem Bratensatz begießen, verdampfte Flüssigkeit nach und nach ersetzen
1 mittelgroße Zwiebel	abziehen, würfeln
1 Möhre	putzen, schrappen, waschen, in Würfel schneiden
3 Lorbeerblätter	die 3 Zutaten etwa 20 Minuten vor Beendigung der Bratzeit in die Rostbratpfanne geben den garen Braten auf einer vorgewärmten Platte anrichten, warm stellen den Bratensatz mit
125 ml (⅛ l) Weißwein	loskochen, mit dem Gemüse durch ein Sieb streichen
1 Eßl. Weizenmehl	mit
1 Becher (150 g) saurer Sahne	anrühren, den Bratensatz damit binden, die Soße evtl. mit Salz, Pfeffer abschmecken
Bratzeit:	Etwa 1½ Stunden.
Beilage:	Kartoffelbrei, Kohlrabigemüse.

Kalbssteaks

(Abb. unten)

4 Scheiben Kalbfleisch aus der Keule (je 150 g)	evtl. etwas zusammendrücken
50 g Pflanzenfett	erhitzen, das Fleisch hineinlegen nachdem die untere Seite gebräunt ist, das Fleisch wenden, mit
Salz	
frisch gemahlenem	
Pfeffer	bestreuen die Fleischscheiben öfter mit Bratfett begießen, damit sie saftig bleiben die Steaks auf einer vorgewärmten Platte anrichten, das Bratfett über die Steaks gießen
Bratzeit:	4-6 Minuten.
Beilage:	Champignongemüse mit Schinkenstreifen, Butterreis.

Cordon bleu

(Abb. unten)

8 Kalbsschnitzel (je etwa 75 g)	leicht klopfen, mit
Salz	
Pfeffer	bestreuen
4 Scheiben Käse (in der Größe der Fleischscheiben, je etwa 40 g)	
4 Scheiben gekochter Schinken (in der Größe der Fleischscheiben, je etwa 50 g)	
	4 Fleischscheiben mit je 1 Käse- und Schinkenscheibe belegen, mit den übrigen Fleischscheiben bedecken
2 Eier	verschlagen, die Fleischportionen zunächst in den Eiern, dann in
etwa 60 g Semmelmehl	wenden
60 g Margarine	erhitzen, das Fleisch von beiden Seiten darin braten
Bratzeit:	Etwa 10 Minuten.
Beilage:	Gebackene Kartoffeln in Alufolie mit Sahnesoße, Erbsengemüse.

Kalbsbraten mit Weintrauben und Pfirsichen

1 kg Kalbsbraten	unter fließendem kaltem Wasser abspülen, trockentupfen, mit
Salz	
Pfeffer	einreiben, mit
1 Eßl. Butter oder Margarine	bestreichen, in eine mit Wasser ausgespülte Rostbratpfanne legen, in den vorgeheizten Backofen schieben
1 Bund Suppengrün	putzen, waschen, in kleine Stücke schneiden, zu dem Fleisch geben sobald der Bratensatz bräunt, etwas von
250 ml (1/4 l) Weißwein	hinzugießen, das Fleisch ab und zu mit dem Bratensatz begießen, verdampfte Flüssigkeit nach und nach ersetzen, das gare Fleisch auf einer vorgewärmten Platte anrichten, warm stellen den Bratensatz mit
etwas Wasser	loskochen, durch ein Sieb gießen
2 Eßl. saure Sahne	hinzufügen
2 Pfirsiche	
je 100 g blaue und grüne Weintrauben	
	Pfirsiche und Weintrauben waschen, abtrocknen, halbieren, entkernen, in die Soße geben, erhitzen, das Obst zu dem Fleisch geben, die Soße mit Salz, Pfeffer abschmecken, getrennt dazureichen
Strom:	Etwa 200
Gas:	Etwa 3
Bratzeit:	1-1½ Stunden.
Beilage:	Grüner Salat.

Leber mit Salbei

(Abb. rechts)

500 g Zwiebeln	abziehen, würfeln
50 g Butter	zerlassen, Zwiebelwürfel darin goldgelb dünsten lassen, herausnehmen
800 g Kalbsleber	unter fließendem kaltem Wasser abspülen, trockentupfen, von der feinen Haut, den Sehnen und Röhren befreien, in dünne Streifen schneiden, mit
Salz, Pfeffer	würzen
50 g Butter	erhitzen, die Leberstreifen darin unter Wenden braun braten, herausnehmen, mit
3-4 Eßl. Zitronensaft	beträufeln, warm stellen den Bratensatz mit
100 ml Weißwein	loskochen
2 Zweige Salbei	abspülen, trockentupfen, die Blättchen abzupfen, fein hacken, mit den gedünsteten Zwiebelwürfeln in den losgekochten Bratensatz geben, kurz erhitzen, die geschnetzelte Leber hinzufügen, miterhitzen
1-2 Bund Petersilie	abspülen, trockentupfen, fein hacken, zusammen mit
50 ml Weißwein	auf die Leberpfanne geben, sofort servieren
Garzeit für die Zwiebeln:	Etwa 10 Minuten
Bratzeit für die Leber:	Etwa 5 Minuten.
Beilage:	Stangenweißbrot.
Tip:	Anstelle von frischem Salbei kann auch getrockneter verwendet werden. Vorsichtiges Dosieren ist erforderlich, da getrockneter Salbei sehr aromatisch ist.

Pfeffer

Leber Berliner Art

(Abb. oben)

4 Scheiben Kalbsleber (je etwa 100 g)	unter fließendem kaltem Wasser abspülen, trockentupfen, von der feinen Haut befreien, evtl. Sehnen und Röhren entfernen, in
Weizenmehl	wenden
60 g Margarine	erhitzen, die Leber darin braten lassen, mit
Salz	bestreuen
4 Zwiebeln	abziehen, in Ringe schneiden, mit in die Pfanne geben, unter Wenden mitbräunen
	die Leber mit den Zwiebeln auf einer vorgewärmten Platte anrichten, den mit Wasser losgekochten Bratensatz über die Leberscheiben gießen.

Wiener Schnitzel

4 Scheiben Kalbfleisch	gut klopfen, mit
Salz	bestreuen
	die Schnitzel zunächst in
1 gestrichenen Eßl. Weizenmehl	dann in
1 verschlagenen Ei	zuletzt in
40 g Semmelmehl	wenden
100 g Schweineschmalz	erhitzen, das Fleisch von beiden Seiten darin braten, auf einer vorgewärmten Platte anrichten, mit
Zitronenachteln	
Petersilie	garnieren
	losgekochten Bratensatz dazureichen.
Bratzeit:	Etwa 15 Minuten.
Beilage:	Kartoffel-, Kopf-, Bohnen- und Tomaten-Salat.

Kalbsragout mit Steinpilzen

(Abb. unten)

50 g getrocknete Steinpilze	in
250 ml (¼ l) lauwarmen Wasser	einweichen, kurze Zeit stehen lassen
	die Pilze mit der Einweichflüssigkeit,
200 g Crème fraîche	
2–3 Eßl. Weißwein	verrühren, zum Kochen bringen, cremig einkochen lassen
1 Kalbsfilet (etwa 500 g)	in dünne Scheiben, dann in Streifen schneiden
2 Eßl. Butterschmalz	erhitzen, die Fleischstreifen darin gut anbraten, mit
Salz, Pfeffer	würzen, in die Soße geben, kurz erhitzen, sofort servieren
Garzeit:	Etwa 15 Minuten.
Beilage:	Spätzle, Rösti oder Kartoffelpüree, grüner Salat.

Bratzeit:	Von jeder Seite etwa 5 Minuten.
Veränderung:	Nach Belieben Apfelscheiben mitdünsten lassen.
Beilage:	Kartoffelbrei oder Béchamelkartoffeln oder »Himmel und Erde«, gedünstete Apfelscheiben, Tomaten- oder Gurken-Salat.
Tip:	Kalbsleber eignet sich auch für Geschnetzeltes: Leber in Streifen schneiden, braten, würzen, in Sahne erhitzen.

Schwein

Köstliches und Würziges in Aspik

Bulgarische Sülze mit Käsefüllung

(Abb. rechts unten)

2 Päckchen (je 300 g) tiefgekühltes Balkangemüse (Erbsen, Paprikaschoten, Mais)	in
125 ml (1/8 l) kochendes Salzwasser	geben, zum Kochen bringen, etwa 5 Minuten kochen, abtropfen und erkalten lassen
2 Päckchen Gelatine gemahlen, weiß	mit
6 Eßl. kaltem Wasser	anrühren, 10 Minuten zum Quellen stehenlassen
500 ml (1/2 l) entfettete, kräftige Fleischbrühe	zum Kochen bringen, von der Kochstelle nehmen, die Gelatine hineingeben, so lange rühren, bis sie gelöst ist
250 ml (1/4 l) Weißwein	
6 Eßl. Weißweinessig	unterrühren, mit
Salz, Pfeffer	
Worcestersoße	abschmecken eine Kastenform (30 cm lang) mit kaltem Wasser ausspülen so viel von der Brühe hineingeben, daß der Boden bedeckt ist, im Kühlschrank erstarren lassen
300 g bulgarischen Schafskäse	mit
50 g weicher Butter	
3 Eßl. Schlagsahne	
1 Eßl. grünem Pfeffer	verrühren
gerebeltes Basilikum	unterrühren aus der Masse mit nassen Händen auf einem mit kaltem Wasser abgespülten Brett eine Rolle in der Länge der Kastenform formen
10–12 große eingelegte Weinblätter	schuppenförmig in der Länge der Kastenform übereinanderlegen die Käserolle darin einwickeln von
6 Scheiben gekochtem Schinken	jeweils 3 Scheiben schuppenförmig nebeneinanderlegen die Weinblätter-Käserolle in die Schinkenscheiben wickeln, in die Mitte des Aspikspiegels legen, das Gemüse ringsherum verteilen, die restliche Brühe darüber gießen, im Kühlschrank erstarren lassen vor dem Servieren die Form kurz in heißes Wasser halten, die Sülze mit einem Messer vorsichtig vom Rand der Form lösen, auf eine Platte stürzen.

Sülzkotelett

(Abb. rechts)

600 g Schweinerücken	unter fließendem kaltem Wasser abspülen, in
1 1/2 l kochendes Wasser	geben, zum Kochen bringen, das Wasser abgießen, das Fleisch abspülen, in
1 1/2 l kochendes Salzwasser	geben, zum Kochen bringen, abschäumen
1 mittelgroße Zwiebel	abziehen
1 Bund Suppengrün	putzen, waschen die Zutaten kleinschneiden, mit
4 Pfefferkörnern	
2 Pimentkörnern (Nelkenpfeffer)	
1 Gewürznelke	
1 kleinen Lorbeerblatt	hinzufügen

	das Fleisch gar kochen lassen, aus der Brühe nehmen, in 4 gleich dicke Scheiben schneiden, erkalten lassen
	die Brühe durch ein Sieb gießen, 375 ml (3/8 l) davon abmessen
125 ml (1/8 l) Essig	hinzufügen, mit Salz abschmecken
1 Päckchen Gelatine gemahlen, weiß	mit
5 Eßl. kaltem Wasser	anrühren, 10 Minuten zum Quellen stehenlassen
	die Brühe wieder zum Kochen bringen, von der Kochstelle nehmen, die Gelatine hineingeben, so lange rühren, bis sie gelöst ist, kühl stellen
4 Kotelett-formen	mit
1 Eßl. Speiseöl	ausstreichen
	so viel von der erkalteten Brühe hineingeben, daß der Boden bedeckt ist, im Kühlschrank erstarren lassen
1 mittelgroße Tomate	waschen
1 hartgekochtes Ei	pellen
1 Gewürzgurke	
	die Zutaten in Scheiben schneiden, die erstarrte Schicht damit garnieren, einige Eßl. Brühe darübergießen, wieder im Kühlschrank erstarren lassen
	in jede Form ein Kotelett legen
	je 1/4 der restlichen, schon etwas dicklichen Brühe darüber gießen, wieder im Kühlschrank erstarren lassen
	vor dem Servieren das Gelee mit einem Messer vom Rand der Form lösen, die Formen kurz in heißes Wasser halten, die Sülzkoteletts auf eine Platte stürzen
Kochzeit:	Etwa 1 1/2 Stunden.
Veränderung:	Anstelle von Schweinerücken Kasseler Rippenspeer verwenden, dann dem Kochwasser kein Salz hinzufügen.
Beigabe:	Kräutersahnesoße oder Remouladensoße.

Bunte Sülze

(Abb. unten)

2 Päckchen Gelatine gemahlen, weiß mit
6 Eßl. kaltem Wasser anrühren, 10 Minuten zum Quellen stehenlassen

1 l entfettete, kräftige Fleischbrühe zum Kochen bringen, von der Kochstelle nehmen, die Gelatine hineingeben, so lange rühren, bis sie gelöst ist
8 Eßl. Essig unterrühren, die Brühe mit
Salz abschmecken
eine Kastenform (30 cm lang) mit kaltem Wasser ausspülen
so viel von der Brühe hineingeben, daß der Boden bedeckt ist, im Kühlschrank erstarren lassen

250 g Fleischwurst (im Stück) enthäuten
4 mittelgroße Tomaten waschen, abtrocknen, die Stengelansätze herausschneiden
beide Zutaten in Würfel schneiden

4 mittelgroße Gewürzgurken fein hacken
6 hartgekochte Eier pellen, 4 Eier fein hacken (2 Eier in Scheiben schneiden, zum Garnieren zurücklassen)

5 Eßl. grobgehackte Petersilie

die Eierscheiben auf dem Aspikspiegel anrichten, die Hälfte der Fleischwurstwürfel darüber verteilen, etwa 125 ml (⅛ l) Brühe darüber gießen, im Kühlschrank erstarren lassen
nun im Wechsel einschichten: die Hälfte der gehackten Gewürzgurken
etwa 125 ml (⅛ l) Brühe darüber gießen, erstarren lassen
die Hälfte der Tomatenwürfel mit der Hälfte der gehackten Petersilie bestreuen
etwa 125 ml (⅛ l) Brühe darüber gießen, erstarren lassen
die feingehackten Eier
etwa 125 ml (⅛ l) Brühe darüber gießen, erstarren lassen
die restlichen Tomaten, mit der restlichen Petersilie bestreut
etwa 125 ml (⅛ l) Brühe darüber gießen, erstarren lassen
die restlichen gehackten Gewürzgurken
etwa 125 ml (⅛ l) Brühe darüber gießen, erstarren lassen
die restlichen Fleischwurstwürfel
die restliche Brühe darüber gießen, erstarren lassen
vor dem Servieren die Form kurz in heißes Wasser halten, die Sülze mit einem Messer vorsichtig vom Rand der Form lösen, auf eine Platte stürzen.

Beigabe: Graubrot und Butter oder Bratkartoffeln.

Sülze

(Abb. rechts)

1 l Salzwasser zum Kochen bringen
250 g Kalbfleisch
250 g Schweinefleisch
das Fleisch unter fließendem kaltem Wasser abspülen, hineingeben, zum Kochen bringen, abschäumen

1 mittelgroße Zwiebel abziehen
1 Päckchen tiefgekühltes Suppengrün (75 g)
die Zutaten mit
1 Lorbeerblatt
3-4 Pfefferkörnern hinzufügen, das Fleisch gar kochen lassen, aus der Brühe nehmen, erkalten lassen, in Würfel schneiden
die Brühe durch ein Sieb gießen, 375 ml (⅜ l) davon abmessen
125 ml (⅛ l) Essig hinzufügen, mit
Salz
Zucker abschmecken
1 Päckchen Gelatine gemahlen, weiß mit
5 Eßl. kaltem Wasser anrühren, 10 Minuten zum Quellen stehenlassen
die Brühe wieder zum Kochen bringen, von der Kochstelle nehmen, die Gelatine hineingeben, so lange rühren, bis sie gelöst ist
die Fleischwürfel hinzugeben
die Flüssigkeit mit dem Fleisch in mit kaltem Wasser ausgespülte Tassen oder Förmchen füllen, im Kühlschrank erstarren lassen
wenn die Sülze schnittfest ist, sie mit einem Messer vorsichtig vom Rand des Gefäßes lösen (evtl. vorher kurz in heißes Wasser halten), auf eine Platte stürzen, mit
Petersilie garnieren.

Eisbein, mit Sauerkraut gefüllt

(Abb. oben)

1 ¼ kg gepökeltes Schinken-Eisbein	unter fließendem kaltem Wasser abspülen, trockentupfen, die Knochen auslösen
1 Bund Suppengrün	putzen, waschen, kleinschneiden, zusammen mit dem Eisbein-Knochen,
4 l Wasser	zum Kochen bringen
200 g rohes Sauerkraut	locker zupfen, fein schneiden
150 g durchwachsenes Schweinefleisch	durch den Fleischwolf drehen, mit dem Sauerkraut,
2 Eiern	vermengen, mit
Salz	
frisch gemahlenem schwarzem Pfeffer	
Wacholderbeeren	würzen
	die Füllung in das Eisbein geben, das Eisbein in ein Mulltuch einbinden, in die Knochenbrühe geben, zum Kochen bringen, gar ziehen lassen (Wasser muß sich leicht bewegen)
	für die Senf-Soße
250 ml (¼ l) Eisbeinbrühe	mit
250 ml (¼ l) Schlagsahne	
100 g Crème fraîche	verrühren, zum Kochen bringen, einkochen lassen
2 Eßl. scharfen Senf	
50 g Butter	unterrühren, mit
Salz, Pfeffer	würzen
	das gare Eisbein in Scheiben schneiden, die Soße darüber geben, sofort servieren
Garzeit:	Etwa 90 Minuten
Garzeit für die Soße:	Etwa 20 Minuten.

Schweinecurry mit Porree

500 g Schweinefilet – unter fließendem kaltem Wasser abspülen, trockentupfen, in Streifen schneiden

2-3 Zwiebeln (etwa 125 g) – abziehen, halbieren, in Scheiben schneiden

1 gelbe Paprikaschote – halbieren, entstielen, entkernen, die weißen Scheidewände entfernen, die Schote waschen, in Streifen schneiden

1 kg Porree (etwa 10 Stangen) – putzen, das dunkle Grün bis auf etwa 10 cm entfernen, den Porree in Scheiben schneiden, gründlich waschen

4 Eßl. Speiseöl – in einer großen Pfanne erhitzen, Filetstreifen und Zwiebelscheiben darin unter Wenden anbraten

1 gehäuften Eßl. Currypulver – unterrühren, kurz durchbraten lassen (Currypulver darf nicht zu dunkel werden), mit

Salz – würzen

etwa 7 Eßl. Apfelsinensaft – hinzufügen

2 Knoblauchzehen – abziehen

2 Scheiben frische Ingwerwurzel – schälen

beide Zutaten würfeln, zu dem Fleisch geben, etwa 5 Minuten mitschmoren lassen, Paprikastreifen und Porreescheiben hinzufügen, das Schweinecurry in etwa 5 Minuten gar schmoren lassen, mit Salz abschmecken

Beilage: Reis, Radicchio-Radieschen-Salat.

Tip: Das in Streifen geschnittene Schweinefilet nach Belieben 3-4 Stunden in mit Currypulver verrührtem Weinbrand marinieren.

Stockholmer Schweinebraten

(Im Schnellkochtopf - Abb. rechts)

1 kg Schweinerücken (als Tasche geschnitten) – unter fließendem kaltem Wasser abspülen, trockentupfen

20 eingeweichte, entkernte Backpflaumen – abtropfen lassen, in die Fleischtasche geben, zunähen, das Fleisch mit

Salz, Pfeffer – einreiben

2 Eßl. Speiseöl – im offenen Schnellkochtopf erhitzen, das Fleisch von allen Seiten gut darin anbraten, mit

2 Eßl. Weinbrand – begießen

1 Möhre – putzen, schrappen

1 Stück Sellerie – putzen, das Gemüse waschen

1 abgezogenen Zwiebel

das Gemüse grob zerkleinern, mit

1 Lorbeerblatt gerebeltem Majoran – zu dem Fleisch geben

250 ml (1/4 l) Weißwein – hinzugießen, den Schnellkochtopf schließen, garen lassen

das Fleisch in Scheiben schneiden, auf einer vorgewärmten Platte anrichten

die Schmorflüssigkeit mit dem Gemüse durch ein Sieb streichen

1 Eßl. Weizenmehl – mit

2 Eßl. kaltem Wasser – anrühren, die Flüssigkeit damit binden, die Soße mit Salz,

Zitronensaft Zucker, Weinbrand – abschmecken, zu dem Fleisch reichen

Garzeit: Etwa 30 Minuten.

Beilage: Salzkartoffeln, Möhren- oder Porreegemüse.

Schweinerollbraten
(Abb. unten)

¾-1 kg Schweinerollbraten	unter fließendem kaltem Wasser abspülen, trockentupfen, mit
Salz	
Pfeffer	einreiben
5 Eßl. Olivenöl	erhitzen, das Fleisch von allen Seiten darin anbraten, herausnehmen
2 abgezogene Knoblauchzehen	in dem Bratfett anbräunen
3 Eßl. Tomatenmark	
6 Eßl. Wasser	hinzufügen, das Fleisch hineingeben, im geschlossenen Topf schmoren lassen, ab und zu wenden den garen Braten in Scheiben schneiden, auf einer vorgewärmten Platte anrichten den Bratensatz mit Salz abschmecken, über das Fleisch geben oder dazureichen
Schmorzeit:	1¼-1½ Stunden.
Beilage:	Junge Erbsen, Butterböhnchen, Kartoffelklöße.

Toulousischer Fleischtopf
(6-8 Portionen - Abb. oben)

500 g getrocknete, weiße Bohnen	in
1 l Wasser	geben, 12-24 Stunden darin einweichen die Bohnen mit Einweichwasser in einer großen Auflaufform oder Kochtopf mit backofenfesten Griffen zum Kochen bringen, kochen lassen
1 Zwiebel	abziehen, mit
2 Nelken	spicken
1 Möhre	putzen, schrappen, waschen, in Scheiben schneiden
500 g Eisbein	unter fließendem kaltem Wasser abspülen Zwiebel, Möhrenscheiben, Eisbein mit
100 g durchwachsenen Speck	
etwas Schweineschwarte	
2 Lorbeerblättern	zu den Bohnen geben, mit
Salz	
Pfeffer	
Paprika edelsüß	
gerebeltem Thymian	würzen, das Gericht zum Kochen bringen, 45 Minuten kochen lassen
375 g Schweinefleisch	unter fließendem kaltem Wasser abspü-

	len, trockentupfen, in 5-6 cm große Stücke schneiden
50 g durchwachsenen Speck	in Scheiben schneiden, auslassen, die Fleischstücke gut darin anbraten
2 Zwiebeln	abziehen, vierteln
5 Knoblauchzehen	abziehen, mit den Zwiebelvierteln zu dem Fleisch geben, dünsten lassen
3 Eßl. Tomatenmark	mit
250 ml (¼ l) Wasser	verrühren, zu dem Fleisch geben, 15 Minuten schmoren lassen
	das geschmorte Fleisch zu den Bohnen geben, den Fleischtopf zum Kochen bringen, etwa 1½ Stunden kochen lassen
	Speck, Eisbein, Schwarte herausnehmen
Garzeit:	Etwa 2½ Stunden
100 g Fleischwurst mit Knoblauch	mit dem Speck, dem Eisbein in große Scheiben schneiden, in den Fleischtopf geben, mit Salz, Pfeffer abschmecken, mit
2 Eßl. Semmelmehl	bestreuen, auf dem Rost in den vorgeheizten Backofen schieben, überbacken lassen
Strom:	225-250
Gas:	6-7
Backzeit:	Etwa 10 Minuten.
Beilage:	Stangenweißbrot.

Elsässer Fleischplatte

(6-8 Portionen)

1 Schweinezunge	unter fließendem kaltem Wasser abspülen, trockentupfen, den Schlund abschneiden, die Zunge so lange waschen und bürsten, bis der Schleim entfernt ist
500-750 g Hohe Rippe	unter fließendem kaltem Wasser abspülen, mit der Zunge in
1 l kochendes Salzwasser	geben, zum Kochen bringen, gar kochen lassen (die Zunge ist gar, wenn sich die Spitze weich ansticht)
2 Zwiebeln	abziehen, würfeln
2 säuerliche Äpfel	schälen, vierteln, entkernen, in Scheiben schneiden
1 Schweinshaxe (in Scheiben geschnitten)	unter fließendem kaltem Wasser abspülen, trockentupfen, mit
Salz	
Pfeffer	
2 Eßl. Schweineschmalz	in einem Kochtopf erhitzen, abwechselnd
1½ kg Sauerkraut	mit den Zwiebelwürfeln, den Apfelscheiben, den Schweinshaxenscheiben,
Wacholderbeeren	
Pfefferkörnern	
300 g durchwachsenem Speck	
375 g geräucherten Rippchen	in den Kochtopf schichten, jede Schicht mit Salz bestreuen
250 ml (¼ l) Wasser	
250 ml (¼ l) Weißwein	darübergießen, alles etwa 1½ Stunden schmoren lassen
1 Kartoffel	schälen, waschen, reiben, zu dem Sauerkraut geben
2 Paar Wiener Würstchen	
1 Stück Zungen- oder Rotwurst	auf das Sauerkraut legen, etwa 15 Minuten miterhitzen
	die gare Zunge und das Fleisch aus der Brühe nehmen
	das Fleisch von den Knochen lösen, in Portionsstücke schneiden
	die Zunge kalt abspülen, die Haut abziehen, solange die Zunge heiß ist, das knorpelige Ende ablösen, die Zunge in Scheiben schneiden
	Speck, Rippchen und Wurst in Portionsstücke schneiden
	das Sauerkraut mit Salz abschmecken, auf eine vorgewärmte Platte geben
	Fleisch, Wurst und Zunge darauf anrichten
Kochzeit für Zunge und Fleisch:	Etwa 2 Stunden
Schmorzeit für Schweinshaxe und für Rippchen:	Etwa 1½ Stunden.
Beilage:	Kartoffelpüree.

Elsässer Bäckerofen

(Abb. links)

750 g Schweine-, Rind- oder Hammelfleisch (ohne Knochen)	unter fließendem kaltem Wasser abspülen, trockentupfen, in Würfel schneiden
4 Möhren **1 Stange Porree**	beide Zutaten putzen, waschen, kleinschneiden, mit dem Fleisch in eine Schüssel geben, mit so viel von
1 Flasche (0,7 l) Weißwein	begießen, daß die Zutaten knapp bedeckt sind
1 Knoblauchzehe	abziehen, zerdrücken, mit
10 schwarzen Pfefferkörnern **1 Lorbeerblatt** **2 Pimentkörnern**	hinzufügen, das Ganze zugedeckt einige Stunden (am besten über Nacht) an einem kühlen Ort stehen lassen
250 g abgezogene Zwiebeln	halbieren, in Ringe schneiden
750 g Kartoffeln	schälen, waschen, in Scheiben schneiden
	einen Schmortopf mit
Butter oder Margarine	gut ausfetten, die Zwiebelringe mit dem Fleisch, dem Gemüse, den Kartoffelscheiben abwechselnd lagenweise hineinschichten, mit der Marinade begießen (soll knapp bedeckt sein, evtl. noch etwas Wein hinzufügen), mit
Salz **frisch gemahlenem Pfeffer** **Zucker** **½ Teel. gerebeltem Thymian** **½ Teel. gerebeltem Basilikum** **½ Teel. gerebeltem Bohnenkraut**	würzen, den Topf mit einem Deckel verschließen, auf den Rost in den vorgeheizten Backofen schieben, nach etwa 2½ Stunden Garzeit probieren, ob das Fleisch gar ist, den »Bäckerofen« kräftig mit den Gewürzen abschmecken
1-2 Becher (150-300 g) Crème fraîche	unterrühren, das Gericht mit
2-3 Eßl. Semmelmehl	bestreuen
Butter	in Flöckchen darauf setzen
	den »Bäckerofen« kurz im geöffneten Topf bei starker Hitze überbacken oder unter den vorgeheizten Grill schieben, im Topf servieren
Strom:	175-200
Gas:	3-4
Garzeit:	2½ bis 3 Stunden.
Beigabe:	Stangenweißbrot.

Dicke Rippe mit grünen Bohnen

(In der Bratfolie - Abb. unten)

250 g Grüne Bohnen	abfädeln, waschen, in etwa 3 cm lange Stücke brechen, mit
Salz	bestreuen, in einen Bratbeutel füllen
375 g Dicke Rippe	unter fließendem kaltem Wasser abspülen, trockentupfen, mit Salz einreiben, in den Bratbeutel vor die Bohnen legen
300 g Kartoffeln	schälen, waschen, in Würfel schneiden, mit Salz bestreuen, in den Bratbeutel geben
125 ml (⅛ l) Wasser	hinzugießen, die offene Beutelseite zusammendrücken, den Beutel etwa 2 cm von der Kante entfernt mit einem Clip verschließen, die obere Seite mit einem spitzen Hölzchen an mehreren Stellen einstechen
	den Bratbeutel auf einer feuerfesten Platte auf dem Rost oder auf dem Rost mit untergeschobener Fettfangschale in die Mitte des Backofens schieben
Strom:	Etwa 200, Gas: Etwa 3½
Garzeit:	Etwa 70 Minuten
	den Bratbeutel an einer Seite aufschneiden, Bohnen, Rippe und Kartoffeln auf einer vorgewärmten Platte anrichten.
Tip:	Nach Belieben aus der verbleibenden Flüssigkeit eine Soße zubereiten. Dafür die Flüssigkeit mit Mehl binden, mit Salz, Pfeffer, Weinbrand abschmecken.

Geschnetzeltes Schweinefleisch in Bier-Soße

(Abb. unten)

600 g Schweinefilet	unter fließendem kaltem Wasser abspülen, trockentupfen, von Haut und evtl. Fett befreien, erst in dünne Scheiben, dann in Streifen schneiden
2 Zwiebeln	abziehen, würfeln
1 Eßl. Schweineschmalz	erhitzen, die Zwiebelwürfel darin hellbraun dünsten lassen, herausnehmen
1 Eßl. Schweineschmalz	in dem Bratfett erhitzen, die Fleischstreifen darin bräunen lassen, die angebratenen Zwiebelwürfel dazugeben
1 Teel. Paprika edelsüß	
½ Teel. Salz	unterrühren
250 ml (¼ l) Malzbier	hinzugießen
1 Lorbeerblatt	
1 Messerspitze Nelkenpfeffer (Piment)	hinzugeben, das Fleisch schmoren lassen
1 Paprikaschote	halbieren, entstielen, entkernen, die weißen Scheidewände entfernen, die Schoten waschen, in Streifen schneiden
1 Tomate	kurze Zeit in kochendes Wasser legen (nicht kochen lassen), in kaltem Wasser abschrecken, enthäuten, halbieren, entkernen, die Stengelansätze entfernen, die Tomate in Streifen schneiden beide Zutaten zu dem Fleisch geben
2 Salzgurken	halbieren, in Streifen schneiden, zu dem Geschnetzelten geben, kurz mitschmoren lassen, mit
3–4 Eßl. saure Sahne	
Rosenpaprika	abschmecken
Schmorzeit:	20–25 Minuten.
Beilage:	Salzkartoffeln oder Butter-Reis.
Tip:	Für ein weniger kostspieliges Essen statt Schweinefilet Schnitzelfleisch nehmen.

Schweinefleisch mit Frühlingszwiebeln auf chinesische Art

(Abb. oben)

350 g Schweinenacken	unter fließendem kaltem Wasser abspülen, trockentupfen, in etwa ½ cm große Würfel schneiden
2 Eßl. Sojasoße	mit
3 Eßl. Sherry	
2 abgezogenen, feingehackten Knoblauchzehen	
1 Teel. geschälter, feingehackter Ingwerwurzel (oder 1 Messerspitze Ingwerpulver)	
1 Eßl. Speisestärke	verrühren, mit den Fleischwürfeln vermengen
½ Flasche (etwa 170 g) Ketchup	mit
4 Eßl. Ananassaft	
1-2 Eßl. süßer Chilisoße	verrühren
2 Eßl. Ananasstücke (aus der Dose)	abtropfen lassen, sehr klein schneiden, unter die Ketchupsoße heben
3 Bund Frühlingszwiebeln	putzen, das Grün bis auf etwa 15 cm abschneiden, die Knollen evtl. abziehen, die Frühlingszwiebeln waschen, in dünne Scheiben schneiden
30 g abgezogene, gehobelte Mandeln	in einer Pfanne ohne Fettzugabe goldbraun rösten, herausnehmen, beiseite stellen
2 Eßl. Speiseöl	in zwei Pfannen erhitzen, die Fleischwürfel aus der Marinade nehmen, abtropfen lassen, unter häufigem Wenden etwa 2 Minuten in der Pfanne braten lassen die vorbereiteten Frühlingszwiebeln in der 2. Pfanne unter Rühren etwa 1 Minute braten lassen, von der Kochstelle nehmen, mit
Salz	bestreuen die Ketchupsoße zum Fleisch geben, zum Kochen bringen, von der Kochstelle nehmen die Frühlingszwiebeln zu dem Fleisch geben, unterrühren, die gerösteten Mandeln darüberstreuen, sofort servieren.
Schmorzeit:	Etwa 3 Minuten.
Beilage:	Reis.

Geräucherte Schweinebacke

(Abb. unten)

500 g geräucherte Schweinebacke	unter fließendem kaltem Wasser abspülen, trockentupfen
2 Zwiebeln	abziehen, mit
2 Gewürznelken Pimentkörnern	in
1 l kochendes Wasser	geben, zum Kochen bringen, in 1½-1¾ Stunden gar kochen lassen das gare Fleisch herausnehmen, die Brühe durch ein Sieb gießen, 500 ml (½ l) abmessen, mit dem Fleisch,
600 g tiefgekühltem Grünkohl	
20 g Schmalz	in einen Topf geben, mit
Salz, Pfeffer	würzen, 30-45 Minuten schmoren lassen, mit Salz, Pfeffer abschmecken
750 g kleine Pellkartoffeln	pellen
6 Eßl. Speiseöl	erhitzen, die Kartoffeln von allen Seiten darin anbraten, mit
2 Teel. Zucker	bestreuen, braun braten lassen das Fleisch aus dem Grünkohl nehmen, in Scheiben schneiden, mit den Röstkartoffeln auf einer vorgewärmten Platte anrichten, den Grünkohl mit Salz, Pfeffer abschmecken, dazureichen
Garzeit:	Etwa 2¼ Stunden.

Karbonaden

(Im Tontopf)

750 g Schweinefleisch	unter fließendem kaltem Wasser abspülen, trockentupfen, in 4 Scheiben schneiden, mit
Salz, Pfeffer, Senf	bestreuen, mit Senf bestreichen
200 g Zwiebeln	abziehen, würfeln
50 g Butter	zerlassen, die Zwiebelscheiben darin hellgelb dünsten lassen, die Fleischscheiben von beiden Seiten darin anbraten
300 ml Bier	
1 Lorbeerblatt	hinzufügen, alles in den gewässerten Tontopf umfüllen, mit dem Deckel verschließen, in den Backofen stellen die Soße abschmecken
Strom:	200-225, Gas: 4-5
Garzeit:	Etwa 1¾ Stunden.

Serbisches Reisfleisch

500 g Schweinefleisch	unter fließendem kaltem Wasser abspülen, trockentupfen, in kleine Würfel schneiden
500 g Tomaten	kurze Zeit in kochendes Wasser legen, in kaltem Wasser abschrecken, enthäuten, vierteln
250 g Zwiebeln	abziehen, in Scheiben schneiden
60 g durchwachsenen Speck	in kleine Würfel schneiden, auslassen
1 Eßl. Margarine	hinzufügen, zerlassen, das Fleisch unter Wenden darin bräunen, mit
Salz	
Pfeffer	
Cayennepfeffer	
1 Brühwürfel (für 250 ml = ¼ l)	würzen, die Zwiebeln hinzufügen, leicht bräunen lassen
	Tomaten,
750 ml (¾ l) Wasser	hinzufügen, zum Kochen bringen, kochen lassen
250 g Brühreis (Langkorn)	nach 25 Minuten Kochzeit zu dem Fleisch geben, gar kochen lassen
	das Gericht mit Salz, Pfeffer
Paprika extrascharf	abschmecken
Garzeit:	Etwa 45 Minuten.

Gepökeltes Eisbein

(Abb. oben)

1 kg gepökeltes Eisbein	unter fließendem kaltem Wasser abspülen, trockentupfen, mit
1 Lorbeerblatt	
6 Pfefferkörnern	
5 Pimentkörnern	
6 Wacholderbeeren	
1 Prise Zucker	
1 abgezogenen Zwiebel	in
1 l heißes Wasser	geben, zum Kochen bringen, kochen lassen
	das gare Eisbein herausnehmen, die Brühe durch ein Sieb gießen, 500 ml (½ l) davon abmessen, Eisbein und Brühe wieder in den Topf geben
etwa 800 g Sauerkraut	locker zupfen
2 große Äpfel	waschen, halbieren, entkernen, kleinschneiden
	beide Zutaten zu dem Eisbein geben, zugedeckt gar schmoren lassen, mit
Cayennepfeffer	abschmecken
Garzeit:	2¼–2½ Stunden.
Beilage:	Erbsenpüree.

Schweineragout mit Oliven

(Abb. unten)

½ Gemüsezwiebel	abziehen, würfeln
4 Eßl. Speiseöl	erhitzen, die Zwiebelwürfel darin andünsten
400 g Champignons in Scheiben (aus der Dose)	abtropfen lassen, die Flüssigkeit auffangen, die Champignons zu den Zwiebelwürfeln geben, etwa 10 Minuten mitdünsten lassen
750 g Schweinebraten	unter fließendem kaltem Wasser abspülen, trockentupfen, in kleine Würfel schneiden, mit
15 spanischen Oliven, mit Paprika gefüllt	in die Pilz-Zwiebel-Masse geben die Pilzflüssigkeit mit
Wasser	auf 500 ml (½ l) auffüllen, mit
frisch gemahlenem Pfeffer Salz	würzen, zugedeckt etwa 30 Minuten schmoren lassen
½ Becher (75 g) saure Sahne	mit
1 Eßl. Speisestärke	anrühren, das Ragout damit binden
2 Eßl. Sherry	unterrühren, mit Salz, Pfeffer abschmecken
Garzeit:	Etwa 30 Minuten.
Beilage:	Reisring oder grüne Spätzle, Tomaten-Zwiebel-Salat

Gewürzte Schweinerippchen

(Abb. oben)

1 kg Schweinerippchen (Schälrippen)	unter fließendem kaltem Wasser abspülen, trockentupfen
1-2 Eßl. Margarine oder 2-3 Eßl. Speiseöl	erhitzen, die Rippchen von beiden Seiten gut darin anbraten, in eine Auflaufform geben
2 große Zwiebeln	abziehen, in Scheiben schneiden, in dem Bratfett leicht bräunen lassen
4 Eßl. braunen Zucker	mit

1½ Teel. Salz
1 Teel. Paprika edelsüß
1 Eßl. Tomatenketchup
1 Eßl. Worcestershiresauce
2 Eßl. Weinessig
4 Eßl. Zitronensaft
250 ml (¼ l) Wasser verrühren, zu den Zwiebelscheiben geben, zum Kochen bringen, etwa 3 Minuten kochen lassen, über die Rippchen gießen, die Form mit einem Deckel oder Alufolie verschließen, auf dem Rost in den vorgeheizten Backofen schieben

500 g Aprikosen (aus der Dose) abtropfen lassen
oder
200 g weiche, getrocknete Aprikosen 10 Minuten vor Beendigung der Garzeit auf die Schweinerippchen geben, das Gericht ohne Deckel garen lassen, die Soße evtl. entfetten

einige schwarze Oliven hinzufügen
Strom: 200-225
Gas: 3½-4
Schmorzeit: 55-60 Minuten.
Beilage: Reis oder Weißbrot oder Sahne-Püree mit Frühlingszwiebeln.

Schweinebraten mit Kräuterfüllung

(4-6 Portionen - Abb. unten)

1 ½ kg Schweinebraten (ausgelöstes Kotelettstück)	unter fließendem kaltem Wasser abspülen, trockentupfen, in der Mitte eine Tasche einschneiden
	für die Füllung
250 g Champignons	putzen, waschen, in Scheiben schneiden
1 Eßl. Butter	zerlassen, die Champignonscheiben darin andünsten
1 Zwiebel	abziehen, würfeln, zu den Champignons geben, mitdünsten lassen
1 Bund Basilikum	abspülen, trockentupfen, fein hacken,
½ Teel. gehackte Rosmarinblättchen **1 Teel. gehackte Petersilie**	
	die Kräuter mit
1-2 Teel. Zitronensaft	zu den Champignonscheiben geben, mit
Salz **frisch gemahlenem Pfeffer** **Zwiebelpulver**	würzen, die Dünstflüssigkeit evtl. etwas einkochen lassen die Füllung in die Tasche geben, die Öffnung mit Holzstäbchen verschließen, das Fleisch mit Pfeffer, Zwiebelpulver einreiben, in einen mit kaltem Wasser ausgespültem Bratenrost geben, etwas von
125 ml (⅛ l) Fleischbrühe **125 ml (⅛ l) Weißwein**	hinzugießen, den Bratentopf in den vorgeheizten Backofen stellen, das Fleisch im geschlossenem Topf schmoren lassen das Fleisch ab und zu wenden, verdampfte Flüssigkeit nach und nach ersetzen das gare Fleisch herausnehmen, in Scheiben schneiden, auf einer vorgewärmten Platte anrichten, warm stellen den Bratensatz mit etwas
Wasser	loskochen
70 g Tomatenmark (aus der Dose) **1 Teel. Zucker** **2 Eßl. Schlagsahne**	unterrühren, mit
gehackten Basilikumblättchen **gehackten Rosmarinblättchen**	abschmecken, zu dem Fleisch reichen das Fleisch mit
gehackter Petersilie	bestreuen
Strom:	Etwa 225
Gas:	Etwa 4
Schmorzeit:	Etwa 1 Stunde.

Königsberger Klopse

(Abb. rechts)

1 Brötchen (Semmel)	in kaltem Wasser einweichen
1 mittelgroße Zwiebel	abziehen, fein würfeln
500 g Gehacktes (halb Rind-, halb Schweinefleisch)	mit dem gut ausgedrückten Brötchen, der Zwiebel,
1 Eiweiß **2 gestrichenen Teel. Senf**	vermengen, mit
Salz, Pfeffer	abschmecken, aus der Masse mit nassen Händen Klopse formen, in
750 ml (¾ l) kochendes Salzwasser	geben, zum Kochen bringen, abschäumen, gar ziehen lassen (Wasser muß sich leicht bewegen), die Brühe durch ein Sieb gießen, 500 ml (½ l) davon abmessen
	für die Soße
30 g Butter oder Margarine	zerlassen
35 g Weizenmehl	unter Rühren so lange darin erhitzen, bis es hellgelb ist
500 ml (½ l) Brühe	hinzugießen, mit einem Schneebesen durchschlagen, darauf achten, daß keine Klumpen entstehen, die Soße zum Kochen bringen, etwa 5 Minuten kochen lassen
1 Eigelb	mit
2 Eßl. kalter Milch	verschlagen, die Soße damit abziehen (nicht mehr kochen lassen)
1 Eßl. Kapern	hinzufügen, mit
Salz, Pfeffer **Speisewürze** **Zitronensaft**	abschmecken, die Klopse in die Soße geben, 5 Minuten darin ziehen lassen
Garzeit:	Etwa 15 Minuten.

Möhren-Pfanne

(Abb. unten)

500 g Schweinenacken	unter fließendem kaltem Wasser abspülen, trockentupfen, in Streifen schneiden
75 g durchwachsenen Speck	in kleine Streifen schneiden, auslassen, die Fleischstücke darin anbraten
250 g kleine Zwiebeln	abziehen, zu dem Fleisch geben, bräunen lassen
1 Knoblauchzehe	abziehen, in dünne Scheibchen schneiden, zu dem Fleisch geben
750 g Möhren	putzen, schrappen, waschen, in dünne Scheiben schneiden, zu dem Fleisch geben, mit
Salz	
Pfeffer	
Zucker	würzen, schmoren lassen
1 Stange Porree	putzen, gründlich waschen, in dünne Scheiben schneiden, nochmals waschen, abtropfen lassen, etwa 5 Minuten vor Beendigung der Schmorzeit in die Möhren-Pfanne geben, mitschmoren lassen
Schmorzeit:	Etwa 35 Minuten.
Beilage:	Röstkartoffeln.

Grünkohltopf

(5-6 Portionen - Abb. oben)

2-3 große Dosen Grünkohl (je etwa 480 g)	abtropfen lassen
oder	
2-3 Pakete (je 450 g) tiefgekühlten Grünkohl	bei Zimmertemperatur auftauen lassen
1 Eßl. Schweineschmalz oder Margarine	in einem großen Topf erhitzen
3 große Zwiebeln	abziehen, in dem Fett andünsten den Kohl mit der Flüssigkeit hinzufügen
2 Lorbeerblätter	
2-3 Eßl. Haferflocken	unterrühren, mit
Salz, Pfeffer	
Zucker	würzen
500-750 g Kasseler Rippenspeer	
500 g geräucherte Rippchen	
250 g mageren durchwachsenen Speck	unter fließendem kaltem Wasser abspülen, trockentupfen, auf den Kohl legen, alles im geschlossenen Topf etwa 45 Minuten kochen lassen den Kohl ab und zu umrühren, damit er nicht anbrennt, evtl. etwas
Wasser	hinzugießen, weitere
1-2 Eßl. Haferflocken	unterrühren
2-4 geräucherte Mettwürstchen	
1 runde Kochmettwurst	hinzufügen, etwa 30 Minuten mitkochen lassen, das gare Fleisch aus dem Kohl nehmen, in Stücke schneiden, die Würstchen halbieren, den Kohl auf einer großen Platte anrichten, mit den Fleisch- und Wurststücken umlegen
Kochzeit:	Etwa 1 ¼ Stunden.
Beilage:	Salzkartoffeln.

Staudensellerie mit Schweinefleisch süß-sauer

(Abb. links)

600 g Schweinenacken	unter fließendem kaltem Wasser abspülen, trockentupfen, erst in dünne Scheiben, dann in etwa 1 cm breite Streifen schneiden
5-6 Stengel Staudensellerie (etwa 600 g)	putzen, harte Fäden an der Außenseite der Stengel abziehen, die Stengel waschen, evtl. längs halbieren, in etwa 1 cm breite Streifen schneiden
2 Eßl. Speiseöl	erhitzen, Staudenselleriestreifen hineingeben, etwa 5 Minuten darin dünsten lassen, herausnehmen, warm stellen
2 Eßl. Sojasoße	mit
1 Eßl. Sherry medium	
1 Eßl. Speisestärke	gut verrühren, die Fleischstreifen darin wenden
2 Eßl. Speiseöl	erhitzen, die Fleischstreifen darin anbraten, die gedünsteten Staudenselleriestreifen hinzufügen
125 ml (1/8 l) Wasser	
3 Eßl. Sojasoße	
2 Eßl. Sherry medium	hinzugießen, gut verrühren, das Fleisch zugedeckt schmoren lassen, evtl. mit
Salz	abschmecken
Bratzeit für das Fleisch:	Etwa 10 Minuten
Schmorzeit:	Etwa 20 Minuten.
Beilage:	Körnig gekochter Reis, Kopfsalat.

Schweinefilet mit Zwiebel-Champignon-Gemüse

(Abb. unten)

500 g kleine Zwiebeln	abziehen
2 Eßl. Butter	erhitzen, die Zwiebelwürfel glasig dünsten lassen
500 ml (1/2 l) Tomatensaft	hinzugießen, die Zwiebel etwa 20 Minuten schmoren lassen
500 g kleine Champignons	putzen, waschen, zu den Zwiebeln geben, mit
Salz, Pfeffer	
1 Teel. Zucker	
Chilipulver	kräftig würzen, zugedeckt weiter dünsten lassen
600 g Schweinefilet	evtl. Fett und Sehnen entfernen, das Fleisch enthäuten, unter fließendem kaltem Wasser abspülen, trockentupfen, mit Salz, Pfeffer einreiben
2 Eßl. Speiseöl	erhitzen, das Schweinefilet von allen Seiten darin braun anbraten das Zwiebel-Champignon-Gemüse hinzufügen, das Fleisch schmoren lassen, herausnehmen, in Scheiben schneiden, mit dem Gemüse anrichten
1 Bund glatte Petersilie	abspülen, trockentupfen, fein hacken über das Fleisch und Gemüse streuen
Dünstzeit für das Gemüse:	40-45 Minuten
Schmorzeit für das Schweinefilet:	10-15 Minuten.
Beilage:	Stangenweißbrot.

Schlesischer Schwärtelbraten

(Abb. oben)

1 ½ kg Schweinekeule mit Schwarte unter fließendem kaltem Wasser abspülen, trockentupfen, die Schwarte so einschneiden, daß Quadrate entstehen
das Fleisch mit
Salz, Pfeffer einreiben, mit
Speiseöl bestreichen, mit
frischen Rosmarinnadeln bestreuen, mit der Schwarte nach oben auf den gefetteten Rost auf eine mit Wasser ausgespülte Rostbratpfanne legen, in den vorgeheizten Backofen schieben
sobald der Bratensatz bräunt,
etwas heißes Wasser hinzugießen, das Fleisch ab und zu mit dem Bratensatz begießen, verdampfte Flüssigkeit nach und nach ersetzen
etwa 30 Minuten vor Beendigung der Bratzeit das Fleisch mehrmals mit
hellem Bier bestreichen, damit die Kruste schön kroß und braun wird

Strom: 200–225
Gas: 3–4
Bratzeit: 2–2½ Stunden
den garen Braten in Scheiben schneiden, auf einer vorgewärmten Platte anrichten
den Bratensatz mit Wasser loskochen, durch ein Sieb geben, zum Kochen bringen
etwas Weizenmehl mit
Weißwein anrühren, den Bratensatz damit binden, die Soße mit
Salz, Pfeffer
Zucker, Weißwein abschmecken, nach Belieben
3–4 Eßl. Schlagsahne unterrühren, zu dem Fleisch reichen.
Beilage: Kartoffelklöße, Rotkohl.

Schweinebraten mit Sherry

(Etwa 2 Portionen – Abb. rechts)

450 g Schweinenacken (ohne Knochen) unter fließendem kaltem Wasser abspülen, trockentupfen, mit

Salz	
frisch gemahlenem	
weißem Pfeffer	
gemahlenem	
Rosmarin	einreiben
1 Eßl. Speiseöl	erhitzen, das Fleisch von allen Seiten darin anbraten
1-2 Zwiebeln	abziehen, würfeln
5 Tomaten	kurze Zeit in kochendes Wasser legen (nicht kochen lassen), in kaltem Wasser abschrecken, enthäuten, die Stengelansätze entfernen, die Tomaten entkernen beide Zutaten zu dem Fleisch geben
3-4 Eßl. trockenen	
Sherry	hinzufügen, etwas
Wasser	hinzugießen, das Fleisch schmoren lassen, ab und zu wenden, verdampfte Flüssigkeit nach und nach ersetzen das gare Fleisch auf einer vorgewärmten Platte anrichten, warm stellen den Bratensatz mit Wasser loskochen
2 Teel. Weizenmehl	mit
3 Eßl. Dosenmilch	anrühren, die Bratenflüssigkeit damit binden
Schmorzeit:	35-45 Minuten.

Fenchel auf Schweineschnitzel

(Abb. S. 90/91)

500 g Fenchelknollen	putzen, waschen, die Knollen in feine Streifen schneiden
40 g Butter oder	
Margarine	zerlassen, den Fenchel kurze Zeit darin erhitzen
125 ml (1/8 l)	
Schlagsahne	
125 ml (1/8 l) Wasser	
Salz	hinzufügen, den Fenchel gar dünsten lassen
1 gestrichenen Eßl.	
Weizenmehl	mit
2 Eßl. kaltem Wasser	anrühren, den Fenchel damit binden, mit Salz abschmecken
4 Schweineschnitzel	leicht klopfen, mit Salz einreiben
50 g Margarine	erhitzen, das Fleisch von beiden Seiten darin braun braten, in eine gefettete, flache Auflaufform legen, das Gemüse darauf geben
20 g Butter	in Flöckchen darauf verteilen, mit
2 Eßl. geriebenem	
Käse	bestreuen die Auflaufform auf dem Rost in den vorgeheizten Backofen schieben
	für die Soße den Bratensatz mit
125 ml (1/8 l) Wasser	loskochen
1 gestrichenen Teel.	
Weizenmehl	mit
4 Eßl. saure Sahne	anrühren, den Bratensatz damit binden, die Soße mit Salz abschmecken
Dünstzeit für den	
Fenchel:	Etwa 20 Minuten
Einstellung für den	
Backofen	
Strom:	225-250
Gas:	5-6
Backzeit	Etwa 25 Minuten.
Beilage:	Bouillonkartoffeln.

Burgunder-Schinken

(8-10 Portionen - Abb. unten)

Burgunder-Schinken ist ein gepökelter, leicht geräucherter Schinken, der eine Woche vor Verwendung beim Schlachter bestellt werden muß

etwa 3 kg Burgunder-Schinken mit Schwarte
die Schwarte vom Schlachter gitterartig einschneiden lassen, den Schinken unter fließendem kaltem Wasser abspülen, trockentupfen, die Haut an verschiedenen Stellen einritzen

15 Nelken hineinstecken

2-3 Knoblauchzehen abziehen, in Stifte schneiden, mit den Stücken von

1-2 zerkleinerten Lorbeerblättern zwischen die Schwarteneinschnitte geben

3 große Zwiebeln abziehen

3 große Tomaten waschen, abtrocknen
beide Zutaten vierteln oder achteln, mit dem Schinken in die Fettpfanne geben sobald der Bratensatz bräunt,

heißes Wasser hinzugießen, verdampfte Flüssigkeit nach und nach ersetzen (wenn der Schinken zu stark bräunt, ihn mit Alufolie abdecken), etwa 30 Minuten vor Beendigung der Bratzeit die Schinkenschwarte mit

Zucker bestreuen
den garen Schinken in Scheiben schneiden, auf einer vorgewärmten Platte anrichten oder im ganzen auf den Tisch bringen, erst dann in Scheiben schneiden
den Bratensatz mit Wasser loskochen, durch ein Sieb streichen, nach Belieben mit

etwas Weizenmehl
kaltem Wasser anrühren, den Bratensatz damit binden die Soße mit

Salz, Pfeffer abschmecken, getrennt zu dem Schinken reichen

Strom: 225-250
Gas: 3-4
Bratzeit Etwa 2½ Stunden.
Beigabe: Stangenweißbrot, Salat.

Schweinefiletzöpfe mit Madagaskar-Soße

(Abb. oben)

4 lange Schweinefilets (je 225-250 g) unter fließendem kaltem Wasser abspülen, trockentupfen, evtl. Haut und Sehnen entfernen
jedes Filet vom dickeren Ende beginnend zweimal längs durchschneiden, dabei am dickeren Ende einen 1-2 cm breiten Rand stehenlassen
die Filets zu Zöpfen flechten, an den Enden mit Holzstäbchen feststecken, mit

Salz, Pfeffer	
Paprika edelsüß	würzen
2 Eßl. Butterschmalz	erhitzen, die Filetzöpfe von allen Seiten etwa 30 Minuten darin braten, erkalten lassen, auf einer Platte anrichten, mit
Tomatenachteln	
Petersilie	garnieren
	für die Madagaskar-Soße
1 Becher (150 g)	
Crème fraîche	mit
3 Eßl. Tomaten-Ketchup	
1 Teel. zerdrücktem grünem Pfeffer	verrühren, mit Salz,
Chilipulver	abschmecken.
Beigabe:	Chicorée-Orangen-Salat, Bauernbrot, Butter.

Schweinebraten mit Käse überbacken

(Im Tontopf)

1¼ kg	
Schweinebraten	unter fließendem kaltem Wasser abspülen, trockentupfen, mit
Salz	
Pfeffer	
Paprika edelsüß	einreiben, in den gewässerten Tontopf legen, den Tontopf mit dem Deckel verschließen, in den vorgeheizten Backofen stellen
1 Ei	mit
75 g	
geriebenem Gouda	verrühren, nach 2¼ Stunden Garzeit den Braten damit bestreichen, ohne Deckel garen lassen den Schweinebraten in Scheiben schneiden, auf einer vorgewärmten Platte anrichten, warm stellen
	für die Soße den Bratensatz mit Wasser auf 250 ml (¼ l) auffüllen, zum Kochen bringen
1 Teel. Speisestärke	mit
1 Eßl. kaltem	
Wasser	anrühren, die Bratenflüssigkeit damit binden, die Soße mit Salz, Pfeffer, Paprika abschmecken
Strom:	200–225
Gas:	4–5
Garzeit:	Etwa 2½ Stunden.
Beilage:	Röstkartoffeln, Salat.

Leber-Spieße

(Abb. oben)

400 g Schweineleber	unter fließendem kaltem Wasser abspülen, trockentupfen, von der feinen Haut befreien, evtl. Sehnen und Röhren entfernen, in Stücke schneiden
8 mittelgroße Champignons	putzen, waschen
2 Zwiebeln	abziehen, achteln
1 Apfel	schälen, achteln, entkernen
1 grüne Paprikaschote	halbieren, entstielen, entkernen, die weißen Scheidewände entfernen, die Schote waschen, in Stücke schneiden
1 Eßl. Margarine	erhitzen, die Leber kurz darin anbraten, herausnehmen Champignons, Zwiebel- und Apfelachtel, Paprikastücke im Bratfett kurz andünsten die vier Zutaten mit den Leberstückchen,
12 spanischen Oliven, mit Paprika gefüllt **einigen Tomatenpaprikastreifen (aus dem Glas)**	abwechselnd auf Spieße stecken
4 Eßl. Speiseöl	erhitzen, die Leber-Spieße von allen Seiten darin braten lassen, mit
Salz **frisch gemahlenem Pfeffer** **Paprika edelsüß**	würzen
Bratzeit:	Etwa 5 Minuten.
Beilage:	Butter-Reis oder Stangenweißbrot oder Roggenbrötchen mit Butter.

Schweinebraten mit Schinkenspeck

(6 Portionen)

1½ kg Schweinefleisch (Oberschale)	unter fließendem kaltem Wasser abspülen, trockentupfen, mit
½ Teel. Salz **1 Teel. geschrotetem Pfeffer** **1 Teel. Paprika edelsüß** **gemahlenem Kümmel** **gerebeltem Majoran**	einreiben von
1 kleinen Kopf Wirsing	die schlechten äußeren Blätter entfernen, die großen Blätter vom Strunk lösen, waschen, kurze Zeit in
kochendes Salzwasser	geben, abtropfen lassen die Wirsingblätter um das Fleisch legen, mit
4 großen Scheiben Schinkenspeck	umwickeln, mit Bratennadeln oder Holzstäbchen feststecken, mit
1 Eßl. Speiseöl	bestreichen, auf dem Rost in die Rostbratpfanne setzen, in den vorgeheizten Backofen schieben
1 Zwiebel	abziehen, mit
1 Eßl. Speiseöl **1 Packung (76 g) tiefgekühltem Suppengrün**	in die Rostbratpfanne geben sobald der Bratensatz bräunt, etwas

Wasser	hinzugeben, verdampfte Flüssigkeit nach und nach ersetzen
	den garen Braten herausnehmen, auf einer vorgewärmten Platte anrichten, warm stellen
	den Bratensatz durch ein Sieb streichen
1 Eßl. Speisestärke	mit
1 Becher (150 g) saure Sahne	anrühren, die Bratenflüssigkeit damit binden, mit Salz, Pfeffer abschmecken
Strom:	Etwa 225
Gas:	3-4
Bratzeit:	Etwa 2 Stunden.
Beilage:	Kartoffelbällchen, Pfifferlinge.

Bratwurst-Spieße auf Pußta-Gemüse

(Im Tontopf - Abb. unten)

250 g Zwiebeln	abziehen, halbieren, in Scheiben schneiden
250 g Paprikaschoten	halbieren, entstielen, entkernen, die weißen Scheidewände entfernen, die Schoten waschen, in Streifen schneiden
250 g Tomaten	kurze Zeit in kochendes Wasser legen, in kaltem Wasser abschrecken, enthäuten, in Scheiben schneiden, das Gemüse mit
Salz, Pfeffer Paprika edelsüß	würzen
2 Eßl. Speiseöl	unterrühren, in den gewässerten Tontopf geben
4 vorgebrühte Bratwürste 4 Scheiben durchwachsener Speck (etwa ½ cm dick)	beide Zutaten in etwa 3 cm lange Stücke schneiden
2-3 Gewürzgurken	in etwa ½ cm dicke Scheiben schneiden
Tomatenviertel	die 4 Zutaten abwechselnd auf Spieße (5-6) stecken, auf das Gemüse legen
1 Eßl. Speiseöl	mit Paprika edelsüß verrühren, die Bratwurst-Spieße damit bestreichen, den Tontopf mit dem Deckel verschließen, auf dem Rost in den Backofen stellen
Strom:	200-225
Gas:	Etwa 4-5
Garzeit:	Etwa 1 Stunde.
Beigabe:	Weißbrot oder Graubrot.

Möhrenbraten

(In der Bratfolie - 6 Portionen - Abb. unten)

250 g dünne Möhren	putzen, schrappen, waschen, in
Salzwasser	zum Kochen bringen, in etwa 10 Minuten halbgar kochen lassen
1 kg Schweinefleisch (aus der Keule)	unter fließendem kaltem Wasser abspülen, trockentupfen, mit
Salz, Pfeffer Paprika edelsüß	einreiben, das Fleisch mehrere Male so in Faserrichtung einschneiden, daß die Möhren hineingeschoben werden können das Fleisch mit
1-2 Eßl. Speiseöl	bestreichen, mit den restlichen Möhren auf ein genügend großes Stück
Bratfolie	legen, die Folie verschließen, auf dem Rost in die Mitte des Backofens schieben den garen Braten in Scheiben schneiden den Bratensaft auf der Kochstelle zum Kochen bringen, mit
Weizenmehl (mit etwas kaltem Wasser angerührt)	binden, mit Salz, Pfeffer, Paprika abschmecken
Strom:	200
Gas:	Etwa 3½
Bratzeit:	Etwa 1½ Stunden.

Schweineschulter mit Minzkruste

(4-6 Portionen)

1½ kg Schweineschulter	unter fließendem kaltem Wasser abspülen, trockentupfen, mit
Salz, Pfeffer Knoblauchsalz	einreiben, in eine mit Wasser ausgespülte Rostbratpfanne legen
3 Eßl. Speiseöl	erhitzen, über das Fleisch geben, die Rostbratpfanne in den vorgeheizten Backofen schieben sobald der Bratensatz bräunt, etwas von
250 ml (¼ l) Rotwein 250 ml (¼ l) Instant-Fleischbrühe	hinzugießen, das Fleisch ab und zu mit dem Bratensatz begießen, verdampfte Flüssigkeit nach und nach ersetzen
4 Zwiebeln	abziehen, vierteln
2 Möhren	putzen, schrappen, waschen, in Scheiben schneiden
1 Knoblauchzehe	abziehen, zerdrücken die drei Zutaten 30 Minuten vor Beendigung der Bratzeit in die Rostbratpfanne geben, mitbraten lassen
	für die Kruste
1 Eßl. weiche Butter 2 Eßl. Minzsoße (aus dem Glas) 1 Eßl. feingehackte Petersilie 1 Eßl. feingehackten Dill etwas gerebelten Rosmarin 1 Eßl. Semmelmehl	die Zutaten verrühren, die Masse 15 Minuten vor Beendigung der Bratzeit auf das Fleisch streichen, gut andrücken das gare Fleisch auf einer vorgewärmten Platte anrichten, warm stellen den Bratensatz mit der restlichen Brühe und dem restlichen Rotwein loskochen, durch ein Sieb geben, auf der Kochstelle zum Kochen bringen
1 Becher (150 g) Crème fraîche Pfefferminzlikör	unterrühren, die Soße mit Salz, Pfeffer, abschmecken
Strom:	200-225
Gas:	3-4
Bratzeit:	Etwa 2 Stunden.
Beilage:	Kartoffelklöße, Spitzkohlgemüse.

Kümmelbraten

(In der Bratfolie - Abb. rechts)

1 kg Schweinefleisch (Schulter)	unter fließendem kaltem Wasser abspülen, trockentupfen, mit

Salz, Pfeffer	
1 Teel. Kümmel	einreiben
1 große Zwiebel	abziehen, grob würfeln
1 Stück Sellerie	waschen, vierteln
	die Zutaten mit dem Fleisch auf ein genügend großes Stück
Bratfolie	legen, die Folie verschließen, auf dem Rost in die Mitte des Backofens schieben
	den garen Braten in Scheiben schneiden
	nach Belieben den Bratensaft mit
Weizenmehl (mit etwas kaltem Wasser angerührt)	binden, mit Salz, Pfeffer abschmecken
1-2 Eßl. Kümmel-Schnaps	unterrühren
Strom:	200
Gas:	Etwa 3½
Bratzeit:	1½-1¾ Stunden.
Beilage:	Kartoffelklöße oder Semmelklöße oder Salzkartoffeln, Ananas-Sauerkraut oder Rosenkohl-Gemüse.

Schweinefilet, pikant

(Abb. unten)

500 g Schweinefilet	unter fließendem kaltem Wasser abspülen, trockentupfen, von Haut und evtl. Fett befreien, in etwa 1 cm dicke Scheiben schneiden
1 Eßl. Butter oder Margarine	erhitzen, die Fleischscheiben gut darin anbraten, mit
Salz	bestreuen, herausnehmen
2–3 mittelgroße Zwiebeln	abziehen, fein würfeln, in dem Bratfett etwas bräunen lassen
1–2 Gewürzgurken	in Streifen schneiden
etwa 200 g gedünstete Champignonscheiben	
etwa 150 g Tomatenpaprika (aus dem Glas)	gut abtropfen lassen die drei Zutaten zu den Zwiebelwürfeln geben, gut durchdünsten lassen
250 ml (¼ l) Schlagsahne	hinzufügen, zum Kochen bringen, etwas einkochen lassen, das Gemüse mit Salz,
Pfeffer	
Zucker	
mittelscharfem Senf	würzen, das Fleisch hinzufügen, in der Soße erhitzen, etwas ziehen lassen
Garzeit:	Etwa 30 Minuten.
Beilage:	Butterreis, Grüner Salat.

Schweinshaxen

(Abb. links)

4 Schweinshaxen (je 500 g, mit Knochen)	unter fließendem kaltem Wasser abspülen, trockentupfen, mit
Salz, Pfeffer	einreiben, in eine mit Wasser ausgespülte Rostbratpfanne legen, in den vorgeheizten Backofen schieben sobald der Bratensatz bräunt, etwas
heißes Wasser	hinzugießen, das Fleisch ab und zu mit dem Bratensatz begießen, verdampfte Flüssigkeit nach und nach durch heißes Wasser ersetzen
3 mittelgroße Zwiebeln	abziehen, vierteln, etwa 30 Minuten vor Beendigung der Bratzeit in die Rostbratpfanne geben, mitbraten lassen das gare Fleisch auf einer vorgewärmten Platte anrichten den Bratensatz mit etwas Wasser loskochen, evtl. durch ein Sieb streichen, etwas einkochen lassen, zu dem Fleisch reichen
Strom:	200–225
Gas:	3–4
Bratzeit:	Etwa 3 Stunden.
Beilage:	Sauerkraut, Kartoffelbrei.

Fruchtig gefüllte Koteletts

(Abb. oben)

4 Koteletts mit eingeschnittener Tasche (je etwa 250 g)	unter fließendem kaltem Wasser abspülen, trockentupfen
4 kleine Scheiben Ananas (aus der Dose)	abtropfen lassen, mit
4 Scheiben rohem Schinken	umlegen in jede Kotelett-Tasche eine Schinken-Ananasscheibe geben, mit Holzstäbchen feststecken
1-2 Eßl. Butterschmalz	erhitzen, die Koteletts von beiden Seiten 15-18 Minuten darin anbraten die garen Koteletts auf einer Platte anrichten, mit
Petersilie	garnieren, warm oder kalt servieren.

Koteletts mit Pfifferlingen

4 Schweinekoteletts	unter fließendem kaltem Wasser abspülen, trockentupfen, mit
Salz, Paprika geschrotetem Pfeffer	bestreuen
2-3 Eßl. Margarine	erhitzen, die Koteletts von einer Seite darin braten, wenden
etwa 125 g gedünstete Pfifferlinge	hinzufügen, mit
1-2 Eßl. gehackter Petersilie	bestreuen die Koteletts mit
etwas Weinbrand	beträufeln nach Belieben
3 Eßl. Crème fraîche	unterrühren
Bratzeit:	Etwa 15 Minuten.
Beilage:	Salzkartoffeln, Gurkensalat.

Koteletts mit pikanter Pfeffer-Rahm-Soße

4 Stiel- oder Lummerkoteletts	unter fließendem kaltem Wasser abspülen, trockentupfen, mit
Salz	
Pfeffer	
Paprika edelsüß	bestreuen
2 Eßl. Speiseöl	mit
1 Eßl. Butter	erhitzen, die Koteletts von beiden Seiten darin braten, auf einer vorgewärmten Platte anrichten, warm stellen
	für die Soße
1 Zwiebel	abziehen, würfeln, in dem Bratfett andünsten,
6 Eßl. Weißwein	mit
1 Teel. Senf	
1 Teel. getrockneten grünen Pfefferkörnern	
1 Becher (150 g) Crème fraîche	zu den Zwiebelwürfeln geben, gut durchdünsten lassen, mit Salz, Pfeffer,
1 Messerspitze Fleischextrakt	abschmecken, die Soße zu den Koteletts reichen
Bratzeit:	Etwa 10 Minuten.
Beilage:	Petersilienkartoffeln, bunte Gemüseplatte oder Salat.

Curry-Koteletts

(In der Bratfolie - Abb. unten)

4 Schweinekoteletts	unter fließendem kaltem Wasser abspülen, trockentupfen, leicht klopfen, mit
Salz	
Pfeffer	
Currypulver	bestreuen, mit
Speiseöl	bestreichen, auf ein genügend großes Stück
Bratfolie	legen, die Folie verschließen, auf dem Rost in die Mitte des Backofens schieben die garen Koteletts auf einer vorgewärmten Platte anrichten, mit
Tomatenachteln	
Petersilie	garnieren, den Bratensaft dazureichen
Strom:	200
Gas:	Etwa 3 ½
Bratzeit:	Etwa 30 Minuten.
Beilage:	Tomatensalat, Röstkartoffeln.

Kasseler Koteletts mit grünem Pfeffer

(Abb. unten)

4 Kasseler Koteletts	leicht klopfen
1-2 Eßl. grünen Pfeffer	abtropfen lassen, auf den Koteletts verteilen, etwas andrücken, die Koteletts in
1 gestrichenen Eßl. Weizenmehl	wenden
50 g Margarine	erhitzen, die Koteletts darin von beiden Seiten braten (10-15 Minuten), auf einer vorgewärmten Platte anrichten, warm stellen
500 g Pfifferlinge	putzen, waschen, große Pilze evtl. halbieren oder vierteln
100 g durchwachsenen Speck	in feine Würfel schneiden, auslassen
150 g Zwiebeln	abziehen, fein würfeln, in dem Speckfett goldbraun braten lassen Pfifferlinge hinzufügen, dünsten lassen, bis die Flüssigkeit verdampft ist (10-15 Minuten), mit
Salz, Pfeffer	würzen, mit
1-2 Eßl. gehackter Petersilie	bestreuen.

Feine Leberpastetchen

	Für den Teig
1 Packung (300 g) tiefgekühlten Blätterteig	bei Zimmertemperatur auftauen lassen
	für die Füllung
300 g Schweineleber	unter fließendem kaltem Wasser abspülen, trockentupfen, enthäuten, durch die große Scheibe des Fleischwolfes drehen
1½ Eier **2 gehäufte Eßl. Semmelmehl**	hinzufügen
2 Zwiebeln	abziehen, würfeln
1 Eßl. Butter	zerlassen, die Zwiebelwürfel darin etwa 3 Minuten unter Rühren dünsten lassen, mit
1 Eßl. gehackter Petersilie **gemahlenem Majoran** **gemahlenem Salbei** **1 Eßl. Weinbrand**	zu der Lebermasse geben, mit
Salz **Pfeffer**	würzen
	die drei Blätterteigplatten aufeinander-

	legen, zu einem Rechteck (30 × 40 cm) ausrollen
	6 runde Teigplatten (Durchmesser etwa 12 cm) und 6 runde Teigplatten (Durchmesser etwa 10 cm) ausschneiden
	die größeren Teigplatten in gefettete Torteletförmchen legen, leicht andrükken, am Boden mit einer Gabel mehrmals einstechen
	etwa 2 Eßl. der Lebermasse in jedes Förmchen geben
½ Ei	verschlagen, die Teigränder damit bestreichen, mit den kleineren Teigplatten bedecken
	die Pastetenoberflächen mit verschlagenem Ei bestreichen, mit einer Gabel mehrmals einstechen
	die Pasteten-Förmchen in den vorgeheizten Backofen stellen
Strom:	200-225, Gas: 4-5
Backzeit:	Etwa 25 Minuten.

Zwiebelkoteletts mit Senfcreme

(Abb. oben)

4 Schweinekoteletts	unter fließendem kaltem Wasser abspülen, trockentupfen, mit
Salz	
frisch gemahlenem weißem Pfeffer	bestreuen, dünn mit
Dijon-Senf	bestreichen
3-4 mittelgroße Zwiebeln	
2 Knoblauchzehen	
	beide Zutaten abziehen, in kleine Würfel schneiden, auf den Koteletts verteilen, etwas andrücken, auf ein mit
4 Eßl. Speiseöl	bestrichenes Backblech legen, in den vorgeheizten Backofen schieben
Strom:	225-250
Gas:	4-5
Bratzeit:	30-35 Minuten
	die garen Koteletts auf einer Platte anrichten, mit
Petersilie	garnieren, warm oder kalt servieren
	für die Senfcreme
1 Becher (150 g) Crème fraîche	mit
1½-2 Teel. Dijon-Senf	verrühren, mit Salz,
Currypulver	abschmecken, zu den Koteletts reichen.
Beilage:	Getoastetes Weißbrot mit Knoblauch-Butter oder Bauernbrot, Endivien-Apfel-Salat.
Tip:	Koteletts im Backofen zu braten ist besonders bei großen Mengen empfehlenswert.

Mandelmedaillons

(4-5 Portionen - Abb. unten)

800 g Schweinefilet unter fließendem kaltem Wasser abspülen, trockentupfen, Haut und Sehnen entfernen, das Filet in 1½-2 cm dicke Scheiben schneiden, mit
Salz, Pfeffer würzen
die Filetscheiben zunächst in
1 verschlagenen Ei dann in
75-100 g abgezogenen, gehobelten Mandeln wenden, die Mandeln gut andrücken
40 g Butterschmalz erhitzen, die Filetscheiben darin von beiden Seiten braten
die Medaillons erkalten lassen, auf einer Platte anrichten, mit
Brunnenkresse garnieren

für die Soße

3 Eßl. Salatmayonnaise mit
2 Eßl. Crème fraîche verrühren
2 enthäutete Tomaten
1 Gewürzgurke
beide Zutaten in Würfel schneiden
1 Teel. zerdrückte grüne Pfeffer
1 Eßl. gehackten Dill
die vier Zutaten unterrühren, die Soße mit Pfeffer abschmecken, zu den Medaillons reichen

Bratzeit: Von beiden Seiten 5-7 Minuten.
Beilage: Toast.

Schweinefilet

750 g Schweinefilet	unter fließendem kaltem Wasser abspülen, trockentupfen, entfetten, enthäuten, mit
Salz, Pfeffer gerebeltem Majoran	einreiben, mit
flüssiger Margarine	bestreichen, mit
50 g fetten Speckstreifen	belegen das Fleisch in eine mit Wasser ausgespülte Rostbratpfanne legen, auf der obersten Schiene in den vorgeheizten Backofen schieben
1 mittelgroße Zwiebel	abziehen
1 mittelgroße Tomate	waschen
1 Bund Suppengrün	putzen, waschen die Zutaten kleinschneiden sobald der Bratensatz bräunt, die geschnittenen Zutaten hinzufügen, mitbräunen lassen etwas
heißes Wasser	hinzugießen, das Fleisch ab und zu mit dem Bratensatz begießen, verdampfte Flüssigkeit nach und nach ersetzen, das gare Fleisch in Scheiben schneiden, auf einer vorgewärmten Platte anrichten, warm stellen den Bratensatz mit Wasser loskochen, durch ein Sieb gießen, mit Salz, Pfeffer abschmecken
1 Becher (150 g) Crème fraîche	unterrühren
Strom:	225–250
Gas:	4–5
Bratzeit:	20–25 Minuten.
Beilage:	Stangenspargel, Butter-Erbsen mit Kräutern, Petersilien-Kartoffeln.

Kasseler Rippenspeer

1½ kg Rippenspeer	unter fließendem kaltem Wasser abspülen, trockentupfen, die Knochen herauslösen, die Fettschicht mit einem scharfen Messer gitterartig einschneiden das Fleisch mit der Fettschicht nach oben in eine mit Wasser ausgespülte Rostbratpfanne legen, in den Backofen schieben sobald der Bratensatz bräunt, etwas
heißes Wasser	hinzugießen, das Fleisch ab und zu mit dem Bratensatz begießen, verdampfte Flüssigkeit nach und nach ersetzen
1 Zwiebel	abziehen
1 Tomate	waschen beide Zutaten vierteln, 25 Minuten vor Beendigung der Bratzeit in die Rostbratpfanne geben das gare Fleisch in Scheiben schneiden, auf einer vorgewärmten Platte anrichten, warm stellen den Bratensatz mit Wasser loskochen, durch ein Sieb gießen
4 Eßl. saure Sahne	hinzufügen, nach Belieben
etwas Weizenmehl	mit
kaltem Wasser	anrühren, den Bratensatz damit binden, die Soße mit
Salz Pfeffer	abschmecken
Strom:	Etwa 225
Gas:	3–4
Bratzeit:	50–60 Minuten.
Beilage:	Gefüllte Birnen- und Pfirsichhälften, Kroketten oder Sauerkraut und Kartoffelpüree.

Medaillons in Blätterteig mit Tomaten-Kräuter-Soße

Für die Füllung

500 g Schweinefilet unter fließendem kaltem Wasser abspülen, trockentupfen, in 6 Stücke schneiden, etwas flachdrücken, mit
Salz
Pfeffer einreiben
1 Eßl. Speiseöl erhitzen, die Fleischstücke von beiden Seiten kurz darin anbraten, aus der Pfanne nehmen, erkalten lassen
1 mittelgroße Zwiebel abziehen, zusammen mit
50 g durchwachsenem Speck in kleine Würfel schneiden
4 mittelgroße Tomaten kurze Zeit in kochendes Wasser legen (nicht kochen lassen), in kaltem Wasser abschrecken, enthäuten, halbieren, entkernen, in Würfel schneiden
420 g gedünstete Mischpilze abtropfen lassen, kleinschneiden
Zwiebel- und Speckwürfel in dem Bratfett der Medaillons andünsten, die Pilze hinzugeben, miterhitzen, die Füllung mit Salz, Pfeffer würzen
½ Eßl. gehackte Petersilie unterrühren, erkalten lassen

für den Teig aus
1 Packung (300 g) tiefgekühltem Blätterteig die 3 Teigplatten nebeneinander legen, mit einem Küchentuch abgedeckt auftauen lassen
jede Teigplatte zu einem Rechteck von 15 × 30 cm ausrollen, jedes Rechteck so halbieren, daß Quadrate von 15 × 15 cm entstehen
in die Mitte jedes Teigstückes je 1 Medaillon legen, mit der Pilzfüllung bedekken, die 4 Teigecken in der Mitte zusammenlegen, fest andrücken
die Teigstücke auf ein mit kaltem Wasser abgespültes Backblech legen, mit
Dosenmilch bestreichen, in die Mitte des Backofens schieben
Strom: 200–225
Gas: 5 Minuten vorheizen 4–5, backen 4–5
Backzeit: 15–20 Minuten.

für die Tomaten-Kräuter-Soße
1 kleine Zwiebel abziehen, fein würfeln
1 große, enthäutete Tomate halbieren, entkernen, in kleine Würfel schneiden
1 Eßl. Butter zerlassen, die Zwiebelwürfel darin glasig dünsten, die Tomatenwürfel hinzufügen, kurz mitdünsten lassen
1 Becher (150 g) Crème fraîche hinzugeben, gut unterrühren, einmal aufkochen lassen, mit Salz, Pfeffer,
Speisewürze abschmecken
½ Teel. gehacktes Basilikum
1 Eßl. gehackte Kräuter unterrühren.

Schweinebraten mit süßer Kruste

1 kg Schweinefleisch mit Schwarte (Keule oder Schulter) unter fließendem kaltem Wasser abspülen, trockentupfen, die Schwarte gitterartig einschneiden, das Fleisch auf der Unterseite mit
Salz einreiben, mit der Schwarte nach oben in eine mit Wasser ausgespülte Rostbratpfanne legen, in den vorgeheizten Backofen schieben
sobald der Bratensatz bräunt, etwas
heiße Instant-Fleischbrühe hinzugießen, das Fleisch ab und zu mit dem Bratensatz begießen, verdampfte Flüssigkeit nach und nach ersetzen

für die Kruste
2 Knoblauchzehen abziehen, zerdrücken
3 gut gehäufte Eßl. brauner Zucker
3 Eßl. Rum
½ Teel. gemahlener Ingwer
¼ Teel. weißer Pfeffer
knapp ¼ Teel. gemahlene Nelken
1 Teel. Speiseöl die Zutaten verrühren, 20 Minuten vor Beendigung der Bratzeit die Schwarte

	gleichmäßig mit der Gewürz-Masse bestreichen (danach den Braten nicht mehr begießen)
	das gare Fleisch auf einer vorgewärmten Platte anrichten
	den Bratensatz mit Wasser loskochen, durch ein Sieb gießen, nach Belieben
etwas Weizenmehl	mit
kaltem Wasser	anrühren, den aufgefüllten Bratensatz damit binden, die Soße mit
Zitronensaft	abschmecken
Strom:	175-200, Gas: 3-4
Bratzeit:	1¾-2 Stunden.
Beilage:	Kartoffelklöße, Bunter Salat.
Veränderung:	Nach Belieben 2 Eßl. Crème fraîche unter die Soße rühren.

Schweineschnitzel Holsteiner Art

(Abb. unten)

4 Schweineschnitzel (je etwa 150 g)	leicht flachklopfen, mit
Salz, Pfeffer	bestreuen
	die Schnitzel zunächst in
1 gestrichenen Eßl. Weizenmehl	dann in
1 verschlagenen Ei	zuletzt in
50 g Semmelmehl	wenden
50-60 g Butterschmalz oder Margarine	erhitzen, die Schnitzel von beiden Seiten darin braten, auf einer vorgewärmten Platte anrichten, warm stellen
Butterschmalz oder Margarine	zerlassen
4 Eier	aufschlagen, nebeneinander in das Fett gleiten lassen, so lange erhitzen, bis die Eier fest sind
	auf jedes Schnitzel ein fertiges Spiegelei setzen
	von
4 gewässerten Sardellenfilets	je eines um jedes Eigelb legen, mit
Paprika edelsüß	bestreuen, mit
Mixed Pickles	
Petersilie	garnieren
Bratzeit für die Schnitzel:	Etwa 10 Minuten.
Beilage:	Petersilienkartoffeln, Grüner Salat oder Kartoffelsalat.

Schweine-Medaillons im Speckmantel

(Abb. oben)

	Von
750 g Schweinefilet	evtl. Fett und Sehnen entfernen, enthäuten, das Fleisch unter fließendem kaltem Wasser abspülen, trockentupfen, in 16 Stücke schneiden
	für die Füllung
2 Teel. Rotisseur-Senf	mit
2 Teel. Tomaten-Ketchup	
2 Teel. Semmelmehl	verrühren, mit
Salz	
Pfeffer	
Paprika edelsüß	
gerebeltem Majoran	würzen die Fleischstücke jeweils auf einer Seite damit bestreichen, jeweils 2 Fleischstücke zusammensetzen, mit jeweils einer von
8 Speckscheiben (je 15 g)	umlegen, mit einem Holzstäbchen feststecken
40 g Pflanzenfett	erhitzen, das Fleisch von beiden Seiten darin braten, die Fleischscheiben öfter mit Bratfett begießen, damit sie saftig bleiben
Bratzeit:	Etwa 12 Minuten.
Veränderung:	Einige Thymianstengel mitbraten lassen.

Quark-Fleisch-Frikadellen

2 Zwiebeln	abziehen, fein würfeln
400 g Gehacktes (halb Rind-, halb Schweinefleisch)	
200 g gut abgetropfter Speisequark (Magerstufe)	
2 Eier	
	die Zutaten vermengen, mit
Salz, Pfeffer	abschmecken, aus der Masse mit nassen Händen 4 flache, ovale Frikadellen formen, in
40 g Semmelmehl	wenden
40 g Margarine	erhitzen, die Frikadellen darin braten
Bratzeit:	Von jeder Seite etwa 5 Minuten.
Beilage:	Möhrengemüse, Kartoffelbrei.

Schweinefilet, chinesisch

2 Schweinefilets (je etwa 250 g)	unter fließendem kaltem Wasser abspülen, trockentupfen, evtl. Haut und Sehnen entfernen
80 g Frühlingszwiebeln	putzen, waschen
1 Knoblauchzehe	abziehen beide Zutaten in feine Würfel schneiden, mit
6 Eßl. Sojasoße **2 Eßl. Sherry medium** **gemahlenem Ingwer** **Salz**	verrühren das Fleisch in eine kleine Schüssel legen, die Marinade darüber gießen, mit Alufolie bedecken, über Nacht durchziehen lassen
2 Eßl. Honig	mit
2 Eßl. braunem Zucker	unter Rühren erwärmen, bis der Zucker gelöst ist, das Fleisch aus der Marinade nehmen, trockentupfen, mit der Honigflüssigkeit bestreichen
2 Eßl. Speiseöl	in einem Bratentopf erhitzen, die Filets von allen Seiten kurz darin anbraten, die Marinade über das Fleisch gießen, den Bratentopf auf dem Rost in den vorgeheizten Backofen schieben während des Bratens evtl.
3-4 Eßl. Wasser	zu dem Fleisch geben
Strom:	225-250, Gas: Etwa 5
Bratzeit:	Etwa 20 Minuten das gare Fleisch aus dem Backofen nehmen, den Bratensatz mit
2-3 Eßl. Sherry	loskochen, über das Fleisch geben, das Fleisch erkalten lassen, in sehr dünne Scheiben schneiden, auf einer Platte anrichten, mit dem Bratensatz übergießen, mit
Kräutern	garnieren.
Beigabe:	Stangenweißbrot, Feldsalat.

Kasseler in fruchtiger Soße

(Abb. unten)

4 Kasseler Koteletts (je etwa 150 g)	unter fließendem kaltem Wasser abspülen, trockentupfen, mit
Pfeffer	bestreuen
4 Eßl. Speiseöl	erhitzen, die Koteletts von beiden Seiten darin anbraten, herausnehmen, warm stellen
6 Eßl. Apfelmus	in das Bratfett geben, verrühren
125 ml (1/8 l) Wasser **2 Teel. Instant-Bratensoße**	hinzufügen, gut verrühren, kurz aufkochen lassen, mit Pfeffer,
Salz	abschmecken
Bratzeit:	Von jeder Seite 4-5 Minuten.
Beilage:	Kartoffelpüree, Gemischter Salat.

Schweinekoteletts, paniert

4 Schweinekoteletts (je etwa 200 g)	unter fließendem kaltem Wasser abspülen, trockentupfen, leicht klopfen, mit
Salz frisch gemahlenem weißem Pfeffer	bestreuen
	die Koteletts zunächst in
2 Eßl. Weizenmehl	dann in
1 verschlagenen Ei	zuletzt in
40 g Semmelmehl	wenden
50 g Pflanzenfett	erhitzen, die Koteletts darin braten, auf einer vorgewärmten Platte anrichten
Bratzeit:	Von jeder Seite etwa 8 Minuten.
Beilage:	Gemüseplatte, Petersilienkartoffeln.
Veränderung:	Anstelle von Schweinekoteletts Kalbskoteletts verwenden. Die Bratzeit dafür: 5-6 Minuten je Seite.

Schweinenacken

1 kg Schweinenacken	unter fließendem kaltem Wasser abspülen, trockentupfen, mit
Salz, Pfeffer Paprika edelsüß	einreiben, in eine mit Wasser ausgespülte Rostbratpfanne legen, in den vorgeheizten Backofen schieben
	sobald der Bratensatz bräunt, etwas
heißes Wasser	hinzugießen, das Fleisch ab und zu mit dem Bratensatz begießen, verdampfte Flüssigkeit nach und nach ersetzen
1 Zwiebel	abziehen
1 Tomate	waschen
	beide Zutaten vierteln, 25 Minuten vor Beendigung der Bratzeit in die Rostbratpfanne geben
	das gare Fleisch in Scheiben schneiden, auf einer vorgewärmten Platte anrichten
	den Bratensatz mit Wasser loskochen, durch ein Sieb gießen, über das Fleisch geben
Strom:	200-225
Gas:	3-4
Bratzeit:	Etwa 1¾ Stunden.

Knoblauchkoteletts mit Perlzwiebeln

(Abb. rechts)

4 Schweinekoteletts (je etwa 200 g)	unter fließendem kaltem Wasser abspülen, trockentupfen, evtl. von Fett befreien, leicht flachklopfen
4 Knoblauchzehen	abziehen, zerdrücken oder durchpressen, die Koteletts von beiden Seiten damit einreiben, etwa 30 Minuten zugedeckt stehenlassen, mit
Salz, Pfeffer Paprika edelsüß	bestreuen
250 g Perlzwiebeln	abziehen
2 Eßl. Margarine oder Butter	in einer Pfanne erhitzen, die Koteletts mit den Zwiebeln hineingeben, etwa 10 Minuten darin braten lassen (Koteletts mehrmals wenden)
	die Koteletts aus der Pfanne nehmen, warm stellen
	den Bratensatz mit
4 Eßl. Weißwein oder Wasser	loskochen
2 Eßl. Crème fraîche	unterrühren, etwas einkochen lassen, die Soße mit Salz, Pfeffer, Paprika abschmecken, über die Koteletts geben oder getrennt dazureichen.
Beilage:	Salzkartoffeln, Butterbohnen.

PAPRIKA
SELECTED QUALITY

Schweinefilet mit Majoran

(Abb. unten)

	Von
500 g Schweinefilet	evtl. Fett und Sehnen entfernen, das Fleisch enthäuten, unter fließendem kaltem Wasser abspülen, trockentupfen, in etwa 3 cm dicke Scheiben schneiden
1 Teel. Salz	mit
½ Teel. frisch gemahlenem weißem Pfeffer	
1 Teel. scharfem Senf	verrühren, das Fleisch von beiden Seiten mit der Mischung bestreichen, einige Minuten durchziehen lassen
1 Eßl. Butter	erhitzen, das Fleisch darin anbraten, zugedeckt etwa 3 Minuten braten lassen, mit
2 Eßl. Teel. fein gehacktem Majoran	bestreuen, warm stellen
2 Zwiebeln	abziehen, in Scheiben schneiden, in Ringe schneiden
2 säuerliche Äpfel	schälen, vierteln, entkernen, in feine Scheiben schneiden
1 Eßl. Schweineschmalz	zerlassen, Zwiebelringe darin braun braten, Apfelscheiben hinzufügen, dünsten lassen die Fleischscheiben mit Zwiebelringen und Apfelscheiben anrichten
Garzeit für das Fleisch:	Etwa 5 Minuten
Schmorzeit für Zwiebeln und Äpfel:	Etwa 5 Minuten.
Beilage:	Warmer Kartoffelsalat.

Hackbraten mit Eiern

(4-6 Portionen - Abb. oben)

2 Brötchen	in kaltem Wasser einweichen, gut ausdrücken
2 mittelgroße Zwiebeln	abziehen, fein würfeln
750 g Gehacktes (halb Rind-, halb Schweinefleisch)	mit dem Brötchen, den Zwiebelwürfeln,
3 Eiern	
1 Eßl. Senf	vermengen, mit
Salz	
frisch gemahlenem Pfeffer	
geriebener Muskatnuß	würzen, die Hälfte der Hackfleischmasse in eine mit
Butter oder Margarine	gefettete Kastenform (30 × 12 cm) füllen
3 hartgekochte Eier	pellen, längs in die Mitte der Kastenform legen, die restliche Hackfleischmasse darauf verteilen, glattstreichen, die Form auf dem Rost in den vorgeheizten Backofen schieben
	den garen Hackbraten kurze Zeit ruhen lassen, auf eine Platte stürzen
	für die Soße
250 g Rote Bete	putzen, unter fließendem kaltem Wasser sorgfältig bürsten, schälen, etwa ⅔ der Roten Bete grob, etwa ⅓ fein raspeln
1 mittelgroße Zwiebel	abziehen, fein würfeln
40 g Butter oder Margarine	zerlassen, die grob geraspelte Rote Bete, die Zwiebelwürfel darin andünsten
250 ml (¼ l) Instant-Fleischbrühe	hinzugießen, das Gemüse pürieren
250 ml (¼ l) Schlagsahne	hinzugießen, etwas einkochen lassen die fein geraspelte Rote Bete hinzufügen, gar ziehen lassen, mit Salz, Pfeffer würzen
Strom:	Etwa 200
Gas:	Etwa 3
Bratzeit für den Hackbraten:	Etwa 45 Minuten
Garzeit für die Soße:	10-15 Minuten.

Schweinefilet in Orangen-Soße

(Abb. unten)

	Von
2 Schweinefilets (etwa 600 g)	evtl. Fett und Sehnen entfernen, das Fleisch enthäuten, unter fließendem kaltem Wasser abspülen, trockentupfen, mit
Salz frisch gemahlenem Pfeffer 1 Eßl. abgeriebener Orangenschale (unbehandelt)	einreiben
8 Eßl. Orangensaft 3 Eßl. Orangenlikör	über das Fleisch geben, verrühren, zugedeckt etwa 2 Stunden durchziehen lassen, ab und zu wenden das Fleisch aus der Marinade nehmen, gut abtropfen lassen, trockentupfen
3 Eßl. Speiseöl	erhitzen, das Fleisch von allen Seiten darin anbraten, die Marinade hinzugießen, das Fleisch zugedeckt schmoren lassen die garen Schweinefilets herausnehmen, in Alufolie einwickeln, warm stellen den Bratensatz mit
125 ml (⅛ l) Weißwein	loskochen, vom Herd nehmen
100 g Butter (gut gekühlt)	in Flöckchen in die Soße rühren, mit Salz, Pfeffer,
Zucker 1 Eßl. feingeschnittene Orangenschale (unbehandelt) 1 Eßl. Orangenlikör	unterrühren
4 Orangen	schälen, filetieren, die Orangenfilets in die Soße geben, unterrühren das Fleisch aus der Alufolie auswickeln, in Scheiben schneiden, auf einer vorgewärmten Platte anrichten, die Soße dazureichen.
Schmorzeit:	Etwa 20 Minuten.
Beilage:	Kartoffeln, Grüner Salat.

Gefüllte Schweinebrust

(Abb. rechts)

750 g Schweinebrust (ohne Knochen - mit dünner Fettschicht)	unter fließendem kaltem Wasser abspülen, trockentupfen zwischen den Fleischschichten eine Tasche einschneiden
100 g Schweineleber	unter fließendem kaltem Wasser abspülen, trockentupfen
1-2 mittelgroße Zwiebeln 1-2 Knoblauchzehen	beide Zutaten abziehen,
1 Brötchen 50 g frischer fetter Speck	die fünf Zutaten fein würfeln, mit
½ Teel. Paprika, edelsüß ½ Teel. gerebeltem Majoran	vermengen, mit
Salz frisch gemahlenem schwarzem Pfeffer	würzen die Masse in die Fleischtasche geben, mit Küchengarn zunähen oder mit Holzstäbchen zusammenhalten das Fleisch mit Salz, Pfeffer einreiben
1 Eßl. Schweineschmalz	zerlassen, das Fleisch mit der Fettschicht zuerst darin braun anbraten, umdrehen, von der anderen Seite anbraten etwas von
250 ml (¼ l) Fleischbrühe	hinzugeben, das Fleisch schmoren lassen, von Zeit zu Zeit wenden, verdampfte Flüssigkeit nach und nach ersetzen den garen Braten mit der Fettseite nach oben einige Minuten unter den Grill schieben, braun werden lassen den garen Braten von Holzstäbchen oder Küchengarn befreien, in Scheiben schneiden, warm stellen den Bratensatz entfetten, etwas einkochen lassen, mit Salz,
Zucker Weinbrand	abschmecken
Schmorzeit:	Etwa 2 Stunden
Grillzeit:	10-15 Minuten.
Beilage:	Rotkohl, Salzkartoffeln oder Kräuter-Kartoffeln und Möhren-Gemüse.

Schweinefilet mit Armagnac-Soße

(Abb. unten)

6 Schalotten	abziehen, sehr fein würfeln
2 Eßl. Butter oder Margarine	erhitzen, die Schalottenwürfel unter Rühren glasig dünsten, mit
2-3 Eßl. Armagnac	ablöschen, nach und nach
200 ml Schlagsahne	unterrühren, cremig einkochen lassen, zugedeckt zur Seite stellen von
2 Schweinefilets (etwa 750 g)	evtl. Fett und Sehnen entfernen, das Fleisch enthäuten, unter fließendem kaltem Wasser abspülen, trockentupfen, mit
frisch gemahlenem Pfeffer, Salz	einreiben
1-2 Eßl. Butterschmalz	erhitzen, die Filets von allen Seiten darin anbraten
½ Bund Thymian	abspülen, trockentupfen, die Blättchen von den Stielen zupfen ⅔ der Thymianblättchen über die Filets streuen, zugedeckt braten lassen, ab und zu wenden die garen Filets in Alufolie einwickeln, ruhen lassen das Fett aus der Pfanne abgießen, den Bratsatz mit
2-3 Eßl. Armagnac	loskochen, die Schalotten-Sahne unterrühren die Soße unter Rühren erhitzen, evtl. mit Salz, Pfeffer würzen, die restlichen Thymianblättchen in die Soße geben die Filets schräg in Scheiben schneiden, auf einer vorgewärmten Platte anrichten, die Soße dazureichen
Bratzeit:	Etwa 12 Minuten.

Gefülltes Schweinefilet

(Abb. oben)

	Von
600 g Schweinefilet	evtl. Fett und Sehnen entfernen, das Fleisch unter fließendem kaltem Wasser abspülen, trockentupfen, längs eine Tasche einschneiden, innen mit
Senf	bestreichen
2-3 Gewürzgurken	in Scheiben schneiden
5-6 Stengel glatte Petersilie	abspülen, trockentupfen
7 Scheiben Gouda-Käse (in der Größe der Fleischtasche)	die drei Zutaten in die Tasche geben, das Filet mit Küchengarn umwickeln
2-3 Eßl. Speiseöl	erhitzen, das Filet von allen Seiten darin anbraten, das Öl abgießen
1 Eßl. Butter oder Margarine	zu dem Fleisch geben, das Fleisch gar braten lassen, herausnehmen, mit
Salz	bestreuen, warm stellen den Bratensatz mit
125 ml (1/8 l) Weißwein	loskochen
1 Lorbeerblatt	hinzufügen
3 Eßl. Créme fraîche	unterrühren, evtl. etwas einkochen lassen, das Lorbeerblatt entfernen, die Soße mit dem Fleisch anrichten
Bratzeit:	Etwa 25-30 Minuten.

Schweinefleisch mit Sojabohnenkeimlingen

(Abb. links)

500 g schiere Schweinekarbonade oder -kamm (etwa 650 g mit Knochen)	von Fett und Knochen befreien, unter fließendem kaltem Wasser abspülen, trockentupfen, erst in dünne Scheiben, dann in Streifen schneiden
2 Eßl. Speiseöl	erhitzen, die Fleischstreifen unter Wenden darin anbraten
250 g frische Sojabohnenkeimlinge	abspülen, gut abtropfen lassen, zu den Fleischstreifen geben, etwa 1 Minute mitbraten lassen
	nacheinander
2 Eßl. Weißwein	
2 Eßl. Schlagsahne	
4-5 Eßl. Sojasoße	unterrühren, aufkochen lassen
50 g Butter	zerlassen
4 Scheiben Graubrot	darin von beiden Seiten goldbraun braten lassen, mit dem Fleisch servieren
Bratzeit:	Etwa 5 Minuten.
Beilage:	Grüner Salat, Tomatensalat.

Parmesan-Kotelett

(Abb. unten)

4 Nackenkarbonaden vom Schwein (etwa 750 g)	unter fließendem kaltem Wasser abspülen, trockentupfen, mit
Salz, Pfeffer	bestreuen
1-2 Eßl. Butterschmalz	zerlassen, die Koteletts von jeder Seite 3-5 Minuten darin anbraten
100 g geriebenen Parmesankäse	mit
200 g Crème fraîche	verrühren
	die Koteletts nebeneinander in eine flache feuerfeste Form legen, die Käse-Mischung darüber streichen, die Form auf dem Rost in die Mitte des vorgeheizten Backofens schieben, goldbraun überbacken
Bratzeit:	6-10 Minuten
Strom:	Etwa 200
Gas:	Etwa 3
Backzeit:	Etwa 10 Minuten.
Beilage:	Bandnudeln.

Schweinelendchen mit Kruste

(Abb. oben)

4 Eßl. Speiseöl	mit
1 Msp. weißem Pfeffer	
2 Teel. gerebeltem Basilikum	verrühren
4 Schweinefilets (je etwa 150 g)	mit der Marinade bestreichen, etwa 10 Minuten durchziehen lassen
50 g Butter	erhitzen, die Filets von allen Seiten darin anbraten in 6-8 Minuten gar braten lassen, mit Salz bestreuen
2 Eßl. Paniermehl	mit
1 Eßl. Schlagsahne	
2 Teel. gerebeltem Basilikum	verrühren, auf die Filets streichen, unter dem Grill oder im vorgeheizten Backofen überbacken
Strom:	Etwa 225, Gas: Etwa 4
Grill- oder Backzeit:	5-10 Minuten.

Schaschlik

(Abb. unten)

1 kleines Schweinefilet (etwa 300 g)	
4 Scheiben Leber (nicht zu dick, etwa 250 g)	beide Zutaten unter fließendem kaltem Wasser abspülen, trockentupfen,
250 g Tomaten	waschen, abtrocknen
1 große Banane	schälen
1–2 Zwiebeln	abziehen
125 g durchwachsener Speck	
einige Essiggurken	
	alle Zutaten in Stücke oder Scheiben von gewünschter Größe (am besten gut 3 cm groß) schneiden, in beliebiger Reihenfolge auf Grillspieße stecken, dünn mit
Speiseöl	bestreichen
	einen Grillrost mit
Alufolie	belegen, die Spieße darauf legen, unter den vorgeheizten Grill schieben, zunächst von der einen, dann von der anderen Seite grillen, nach dem Wenden die Spieße nochmals mit Speiseöl bestreichen, nach dem Grillen mit
Schaschlik-Gewürz	bestreuen
Grillzeit	
Strom:	Jede Seite etwa 8 Minuten
Gas:	Jede Seite 4–5 Minuten.

Schweinefilet auf zyprische Art

(Abb. unten)

800 g Schweinefilet	unter fließendem kaltem Wasser abspülen, trockentupfen, in etwa 2 cm dicke Scheiben schneiden
	für die Marinade
5 Eßl. Olivenöl	mit
5 Eßl. Zitronensaft	
1 Eßl. zerdrückten Wacholderbeeren	
1 Eßl. gerebeltem Oregano	
Salz, Pfeffer	verrühren, die Fleischwürfel in die Marinade geben, etwa 3 Stunden durchziehen lassen die Fleischwürfel aus der Marinade nehmen, abtropfen lassen, auf Spieße stekken, auf den Holzkohlengrill legen das Fleisch knusprig braun grillen
Grillzeit:	Jede Seite 8-10 Minuten.

Gegrilltes Schweinefilet

2 Schweinefilets (etwa 500 g, gut abgehangen)	evtl. von Haut und Fett befreien, unter fließendem kaltem Wasser abspülen, trockentupfen, dünn mit
mittelscharfem Senf	bestreichen das Fleisch auf den heißen Grillrost legen, unter den vorgeheizten Grill schieben, zunächst von der einen, dann von der anderen Seite grillen
1 Eßl. Speiseöl	mit
½ Teel. Paprika edelsüß	verrühren, das Fleisch nach 1 Minute Grillzeit ab und zu damit bestreichen die garen Filets mit
Salz	bestreuen
Grillzeit	
Strom:	Jede Seite etwa 10 Minuten
Gas:	1. Seite etwa 10 Minuten, 2. Seite 7-10 Minuten.

Rippchen vom Rost

1 - 1½ kg Schweinerippchen in Portionsstücke teilen, unter fließendem kaltem Wasser abspülen, trockentupfen

für die Marinade

5 Eßl. Speiseöl mit dem
Saft von 1 Zitrone
2 abgezogenen, gehackten Knoblauchzehen
geschrotetem, schwarzem Pfeffer
Worcestersoße
1 Spritzer Tabascosoße verrühren, über die Rippchen gießen, etwa ½ Stunde ziehen lassen, das Fleisch ab und zu wenden
die Rippchen trockentupfen, auf den Grillrost legen, unter den vorgeheizten Grill schieben, zunächst von der einen, dann von der anderen Seite grillen
nach der Hälfte der Grillzeit die Rippchen auf beiden Seiten mit
125 ml (⅛ l) hellem Bier bestreichen
die garen Rippchen mit Pfeffer,
Salz bestreuen

Grillzeit: Jede Seite etwa 10 Minuten.
Beigabe: Senf, Bauernbrot.

Kasseler Koteletts

(Abb. oben)

4 Kasseler Koteletts (ohne Knochen, je etwa 125 g) auf den heißen Grillrost legen, unter den vorgeheizten Grill schieben, zunächst von der einen, dann von der anderen Seite grillen
1 Zwiebel abziehen, reiben, mit
3 Eßl. Apfelsinensaft verrühren, die Koteletts nach etwa 2½ Minuten Grillzeit mit der Hälfte der Masse bestreichen
die Koteletts nach dem Wenden nach etwa 1½ Minuten mit der restlichen Masse bestreichen

Grillzeit: Jede Seite etwa 6 Minuten.

Paprika-Kohlrabi mit Nackenkarbonade

(Abb. links)

4 Kohlrabi	schälen, waschen, halbieren, in Scheiben schneiden
3 Zwiebeln	abziehen, fein würfeln
1 Eßl. Butter	erhitzen
75 g Speckscheiben	in Streifen schneiden, die Speckstreifen darin anbraten die Zwiebelwürfel hinzufügen, goldgelb dünsten lassen, die Kohlrabischeiben dazugeben, andünsten
125 ml (1/8 l) Schlagsahne	mit
125 g Crème fraîche	
2 Eßl. Paprikamark	in die Zwiebel-Kohlrabi-Pfanne geben, durchdünsten lassen, mit
Salz, Pfeffer	abschmecken
4 Schweinenacken-karbonaden	unter fließendem kaltem Wasser abspülen, trockentupfen, mit
Pfeffer	bestreuen, unter den Grill schieben, von beiden Seiten knusprig braun grillen, mit
Salz	bestreuen
Schmorzeit:	Etwa 15 Minuten
Grillzeit:	Von beiden Seiten 6-8 Minuten.

Gegrillte Nackenkoteletts

4 Nackenkoteletts (je etwa 180 g)	unter fließendem kaltem Wasser abspülen, trockentupfen, auf den heißen Grillrost legen, unter den vorgeheizten Grill schieben, von jeder Seite etwa 4 Minuten grillen
2 Eßl. Honig	mit
3 Eßl. Sojasoße	
3 Eßl. Weißwein	
4 Eßl. Speiseöl	
gemahlenem Rosmarin, Thymian	
Pfeffer	verrühren, das Fleisch damit bestreichen, von jeder Seite weitere 3-4 Minuten grillen, mit
Salz	bestreuen, sofort servieren
Grillzeit:	Jede Seite etwa 8 Minuten.
Beigabe:	Gegrillte Früchte, Brot, Salat.

Schweinebauchscheiben, gegrillt

8 dünne Scheiben (je etwa 60 g) durchwachsenen Schweinebauch	unter fließendem kaltem Wasser abspülen, trockentupfen
3 Eßl. Senf	mit dem
Saft von 1/2 Zitrone	
1 Teel. geriebenem Meerrettich (aus dem Glas)	
Salz, Pfeffer	
2 Eßl. Speiseöl	verrühren, die Schweinebauchscheiben damit bestreichen, auf den heißen Grillrost legen, unter den vorgeheizten Grill schieben, von jeder Seite etwa 5 Minuten grillen, das Fleisch mit
125 ml (1/8 l) Bier	bestreichen oder beträufeln, weitere 3-4 Minuten grillen, damit es eine knusprige Kruste bekommt
Grillzeit:	Etwa 9 Minuten.

Bratwurst, gegrillt

(Abb. unten)

4 vorgebrühte Bratwürste	auf den Grillrost legen, unter den vorgeheizten Grill schieben, zunächst von der einen, dann von der anderen Seite grillen die Bratwürste während des Grillens mit
Speiseöl	bestreichen
Grillzeit:	Jede Seite etwa 5 Minuten.

Lamm

Deftig und delikat: Geschmortes Lammfleisch

Geschmorte Lammschulter auf Gemüsebett

(Abb. unten)

400 g weiße Bohnen	waschen, in
750 ml (¾ l)	
Wasser	12-24 Stunden einweichen, mit der Einweichflüssigkeit zum Kochen bringen
4 Zweige Thymian	abspülen, mit
2 Lorbeerblättern	zu den Bohnen geben, zum Kochen bringen, im geschlossenen Topf 25 Minuten vorgaren lassen
800 g Lammschulter	unter fließendem kaltem Wasser abspülen, trockentupfen, enthäuten, entfetten, mit
schwarzem Pfeffer	einreiben
50 g Butterschmalz	in einer feuerfesten Form erhitzen, die Lammschulter darin anbraten, mit
Salz	würzen
400 g Tomaten	in kochendes Wasser legen (nicht kochen lassen), in kaltem Wasser abschrecken, enthäuten, halbieren, entkernen, würfeln
1 Bund Petersilie	abspülen, trockentupfen, fein hacken
1 Bund Suppengrün	putzen, waschen, fein würfeln
3 Zwiebeln	abziehen, fein hacken
2 Knoblauchzehen	abziehen, kleinschneiden

die fünf Zutaten mit den Bohnen zu dem Fleisch geben
den geschlossenen Topf auf dem Rost in den vorgeheizten Backofen schieben, braten lassen
die gare Lammschulter herausnehmen, in Scheiben schneiden, warm stellen

2 Eßl. Tomatenpürree	unter das Bohnen-Gemüse rühren, mit
gerebeltem Majoran	
Pfeffer	
Salz	abschmecken, die Lammscheiben auf dem Gemüse anrichten
Strom:	200-225
Gas:	3-4
Schmorzeit:	Etwa 90 Minuten.
Beilage:	Kräuter-Kartoffeln.

Lammfleisch mit Zwiebeln und Honig

(Abb. oben)

1-1½ kg Lammschulter (ohne Knochen)	unter fließendem kaltem Wasser abspülen, trockentupfen, entfetten, enthäuten, in etwa 3 cm große Würfel schneiden, in einen feuerfesten Topf geben, mit
1 Msp. Safran	
etwa ¾ Teel. gemahlenem Zimt	
etwa ¾ Teel. gemahlenem Ingwer	würzen
2 Eßl. Honig	hinzufügen
1 l Wasser	hinzugießen (das Fleisch soll zur Hälfte im Wasser liegen), das Fleisch gar schmoren lassen die Flüssigkeit in einen Topf abgießen, auf etwa ⅜ l einkochen lassen
1 kg kleine Zwiebeln	abziehen, zum Fleisch geben, die eingekochte Flüssigkeit hinzugießen, mit
Salz	würzen
2 Eßl. Honig	hinzufügen, den Topf halb zugedeckt in den Backofen stellen, das Fleisch schmoren lassen (das Fleisch und die Zwiebeln müssen braun, die Flüssigkeit fast verkocht sein)
Schmorzeit:	Etwa 35 Minuten
Strom:	200-225
Gas:	3-4
Backzeit:	Etwa 30 Minuten.
Beilage:	Karamelisierte Kartoffeln, Chicorée-Salat.

Pochierte Lammschulter mit Butter-Soße

(Abb. unten)

1 l Hühnerbrühe	mit
250 ml (¼ l) Weißwein	zum Kochen bringen
1 große Zwiebel	abziehen, grob hacken, in die Brühe geben
4 Scheiben Lammschulter (etwa 700 g)	unter fließendem kaltem Wasser abspülen, trockentupfen, entfetten, enthäuten, in die Brühe geben, zum Kochen bringen, das Fleisch etwa 15 Minuten darin ziehen lassen
500 g junge Möhren	putzen, schrappen, zu dem Fleisch geben, zum Kochen bringen, in etwa 15 Minuten gar kochen lassen 250 ml (¼ l) Brühe abmessen, durch ein Sieb geben, in einer Pfanne etwas einkochen lassen, vom Herd nehmen, sofort
100 g eiskalte Butterstückchen	unter die heiße Soße rühren
50 g Kapern **2 Teel. abgeriebene Zitronenschale (unbehandelt)**	hinzufügen
1 Bund Petersilie **1 Bund Schnittlauch** **2 Zweige frischen Estragon**	abspülen, fein hacken, unter die Soße rühren, mit
Salz, Pfeffer	abschmecken das gare Fleisch mit den Möhren auf einer vorgewärmten Platte anrichten, sofort mit der Soße servieren
Kochzeit:	Etwa 30 Minuten.
Beilage:	Butterkartoffeln.
Tip:	Statt Scheiben aus der Lammschulter eignet sich auch eine Lammkeule für dieses Gericht.

Hammelbraten »Londoner Art«

(Im Schnellkochtopf)

2 abgezogene, zerdrückte Knoblauchzehen	mit
1 Teel. Salz	vermengen
800 g Hammelfleisch (aus der Keule oder Schulter geschnitten)	unter fließendem kaltem Wasser abspülen, enthäuten, evtl. Fett entfernen, mit dem Knoblauchsalz einreiben
2 Eßl. Margarine	im offenen Schnellkochtopf zerlassen, das Fleisch von allen Seiten gut darin anbraten
1 Zwiebel	abziehen, grob zerkleinern
1 Möhre **½ Stange Porree**	das Gemüse putzen, waschen, in Streifen schneiden, mit der Zwiebel zu dem Fleisch geben
125 ml (⅛ l) Fleischbrühe **125 ml (⅛ l) Rotwein** **1 Lorbeerblatt** **etwas gehacktes Basilikum**	hinzufügen, den Schnellkochtopf schließen, garen lassen das gare Fleisch in Scheiben schneiden, auf einer vorgewärmten Platte anrichten, warm stellen
1 Eßl. Weizenmehl	mit
2 Eßl. kaltem Wasser	anrühren, unter die Flüssigkeit rühren, zum Kochen bringen, etwa 5 Minuten kochen lassen die Soße durch ein Sieb streichen, mit
Salz, Pfeffer **Zucker**	abschmecken
1 Eßl. gehackte Petersilie	unterrühren
Garzeit:	Etwa 45 Minuten.
Beigabe:	Bouillonkartoffeln, Grüne Bohnen.

Hammelrücken

1 kg Hammelrücken	unter fließendem kaltem Wasser abspülen, trockentupfen, entfetten, enthäuten, mit
Kräutern der Provence, Salz	einreiben, in eine mit Wasser ausgespülte Rostbratpfanne legen, in den vorgeheizten Backofen schieben, sobald der Bratensatz bräunt, etwas von
250 ml (¼ l) heißem Wasser	hinzugießen, das Fleisch ab und zu mit dem Bratensatz begießen, verdampfte Flüssigkeit nach und nach ersetzen
1 Zwiebel	abziehen, sechsteln
1 Tomate	waschen, vierteln
1 kg Zucchini	waschen, schälen, halbieren, in Stücke

	schneiden, 40 Minuten vor Beendigung der Bratzeit die drei Zutaten zu dem Fleisch geben, mit
Salz, Pfeffer	würzen
	das gare Fleisch in Scheiben schneiden, mit dem Gemüse anrichten
Strom:	Etwa 225, Gas: 3-4
Bratzeit:	Etwa 1¼ Stunden.

Sechs-Stunden-Lammkeule mit Bohnen und Tomaten

(4-6 Portionen - Abb. unten)

375 g Weiße Bohnen	waschen, in kochendes Wasser geben, etwa 5 Minuten kochen lassen, abgießen
250 g Zwiebeln	abziehen, vierteln
375 g Brechbohnen	putzen, waschen, in Stücke brechen
1½ kg Lammkeule	unter fließendem kaltem Wasser abspülen, trockentupfen, entfetten, enthäuten, mit
Salz, Pfeffer	
1 Teel. gemahlenem Rosmarin	
1 Teel. gerebeltem Thymian	einreiben
4 Eßl. Speiseöl	erhitzen, das Fleisch von allen Seiten darin anbraten, das Gemüse
850 g geschälte Tomaten (aus der Dose)	mit der Flüssigkeit hinzugeben, zum Kochen bringen
2-3 Knochlauchzehen	abziehen, fein hacken oder durchpressen, zu dem Fleisch geben
	die Lammkeule in einem geschlossenen Bratentopf auf dem Rost in den vorgeheizten Backofen schieben, garen lassen
	die gare Lammkeule mit Salz, Pfeffer,
Thymian	kräftig abschmecken
Strom:	Etwa 100, Gas: Etwa 1
Schmorzeit:	Etwa 6 Stunden

Geschmorte Lammkeule

1 kg Lammkeule	
(ohne Knochen)	unter fließendem kaltem Wasser abspülen
2-3 Zwiebeln	
2-3 Knoblauchzehen	abziehen, vierteln, mit
1 kleinen Lorbeerblatt	
8 Wacholderbeeren	
5 Pimentkörnern	
gerebeltem Thymian	
2 Eßl. Essig	in
250 ml (¼ l) Wasser	zum Kochen bringen, etwa 5 Minuten kochen, abkühlen lassen
250 ml-375 ml (¼-⅜ l) Weißwein	hinzugießen, das Fleisch hineinlegen, 24 Stunden darin ziehen lassen, ab und zu wenden das Fleisch aus der Marinade nehmen, abtrocknen, die Marinade durch ein Sieb gießen, Gewürze mit Zwiebel- und Knoblauchvierteln aufbewahren das Fleisch mit
Salz	
Pfeffer	würzen, evtl. etwas zusammenbinden
2-3 Eßl. Speiseöl	erhitzen, das Fleisch von allen Seiten darin anbraten
250 g Tomaten	waschen, vierteln, mit den zurückgelassenen Gewürzen, Zwiebel- und Knoblauchviertel zu dem Fleisch geben, durchdünsten lassen, etwas von der Marinade hinzugießen, das Fleisch im geschlossenen Topf schmoren lassen, verdampfte Flüssigkeit nach und nach durch Marinade ersetzen (insgesamt etwa 125 ml = ⅛ l) die gare Lammkeule aus der Schmorflüssigkeit nehmen, warm stellen die Flüssigkeit durch ein Sieb gießen
1 Eßl. saure Sahne	unterrühren nach Belieben
etwas Weizenmehl	mit
kaltem Wasser	anrühren, die aufgefüllte Schmorflüssigkeit damit binden, die Soße mit Salz, Pfeffer,
Zucker	abschmecken die Lammkeule in Scheiben schneiden, auf einer vorgewärmten Platte anrichten, die Soße dazureichen
Schmorzeit:	Etwa 1½ Stunden.
Beilage:	Salzkartoffeln, Butterbohnen.

Hammelschmorbraten

1 kg Hammelfleisch	unter fließendem kaltem Wasser abspülen, trockentupfen, enthäuten, mit
Salz	
Pfeffer	
Paprika edelsüß	bestreuen
bei magerem Fleisch 50 g Fett	(fettes Fleisch im eigenen Fett bräunen, häufig wenden, damit es sich nicht ansetzt) erhitzen, das Fleisch von allen Seiten gut darin anbraten
1 Zwiebel	abziehen, kleinschneiden, kurze Zeit miterhitzen etwas von
125-375 ml (⅛-⅜ l) heißem Wasser	hinzugießen, das Fleisch schmoren lassen, von Zeit zu Zeit wenden, verdampfte Flüssigkeit nach und nach ersetzen das gare Fleisch in Scheiben schneiden, auf einer vorgewärmten Platte anrichten, warm stellen den Bratensatz nach Bedarf mit Wasser auffüllen, durch ein Sieb gießen, zum Kochen bringen
2 Eßl. Weizenmehl	mit
3 Eßl. kaltem Wasser	anrühren, unter Rühren in die Flüssigkeit geben, die Soße etwa 5 Minuten schwach kochen lassen, mit Salz, Pfeffer, Paprika abschmecken
Schmorzeit:	Etwa 1½ Stunden.
Beilage:	Rosenkohl, Kümmelkartoffeln.

Lamm-Curry

(Abb. rechts)

Etwa 1½ kg Lammfleisch mit Knochen (Schulter)	unter fließendem kaltem Wasser abspülen, trockentupfen, in Stücke schneiden
2-3 Eßl. Margarine	erhitzen, das Fleisch von allen Seiten kräftig darin anbraten
375 g Zwiebeln	
1 Knoblauchzehe	abziehen, in Würfel schneiden, zu dem Fleisch geben, mitschmoren lassen, mit
Salz	
frisch gemahlenem Pfeffer	
½ Teel. Kümmel	
1-2 Eßl. Currypulver	würzen
1 Zweig Thymian	
½ Bund Petersilie	abspülen, trockentupfen, fein hacken, zu dem Fleisch geben
250 ml (¼ l) Wasser	hinzugießen, das Fleisch schmoren lassen, verdampfte Flüssigkeit nach und nach ersetzen, garen lassen, mit
2 Eßl. Weizenmehl	bestäuben, unter Rühren weiterschmoren lassen
125 ml (⅛ l) Wasser	hinzugießen, gut verrühren
250 ml (¼ l) Schlagsahne	hinzugießen, das Lammfleisch weiter schmoren lassen
1 kleines Glas eingelegten Ingwer	abtropfen lassen, in Scheiben schneiden, miterhitzen
1 Teel. Butter	zerlassen
100 g abgezogene, gestiftete Mandeln	darin goldgelb rösten lassen, über das Lamm-Curry geben
Schmorzeit:	Etwa 45 Minuten.
Beilage:	Mandel-Reis, Salat.

KÜMMEL

Geschmorte Lammschulter

(Abb. unten)

Etwa 750 g Lammschulter (mit Knochen)	unter fließendem kaltem Wasser abspülen, trockentupfen, entfetten, enthäuten
1 Knoblauchzehe	abziehen, fein hacken, mit
1 Teel. Salz	bestreuen, unter einer Messerschneide zerdrücken
	das Fleisch mit dem Knoblauch,
½ Teel. grob gemahlenem Pfeffer	einreiben
3 Eßl. Speiseöl	in einer feuerfesten Form erhitzen, das Fleisch von beiden Seiten darin anbraten, warm stellen
1 Zwiebel	abziehen, vierteln
½ Bund Frühlingszwiebeln	putzen, das dunkle Grün bis auf etwa 15 cm entfernen, die Knollen evtl. abziehen, waschen, in Scheiben schneiden
½ Bund Möhren	putzen, schrappen, waschen, in Scheiben schneiden
1 Staudensellerie	putzen, harte Fäden an der Außenseite abziehen, die Stengel waschen, abtropfen lassen, in Streifen schneiden
	Zwiebelviertel, Frühlingszwiebeln, Möhrenscheiben und Staudenselleriestreifen im Bratensatz kurze Zeit schmoren lassen
2 Tomaten	in kochendes Wasser geben (nicht kochen lassen), in kaltem Wasser abschrekken, enthäuten, vierteln, entkernen, zusammen mit der Lammschulter zu dem Gemüse geben
	den Topf auf dem Rost in den vorgeheizten Backofen schieben
	nach etwa 20 Minuten
125 ml (⅛ l) Rotwein	hinzugießen, das gare Fleisch mit
frisch gehackter Petersilie	bestreuen
Strom:	200–225, Gas: 3–4
Bratzeit:	40–45 Minuten.
Beilage:	Salzkartoffeln.

Hammelkeule mit Hallimasch

Etwa 1 kg Hammelkeule	unter fließendem kaltem Wasser abspülen, trockentupfen, enthäuten, evtl. Fett entfernen
3-4 Knoblauchzehen	abziehen, in Stifte schneiden das Hammelfleisch an einigen Stellen etwas einschneiden, die Knoblauchstifte hineindrücken, das Fleisch mit
Salz **schwarzem Pfeffer**	würzen
3-4 Eßl. Margarine	in einem Schmortopf erhitzen, das Fleisch von allen Seiten darin anbraten, herausnehmen
1 kleine Zwiebel	abziehen, fein würfeln
1 Bund Suppengrün	putzen, waschen, in Streifen schneiden, mit den Zwiebelwürfeln in das Bratfett geben, andünsten
1 Eßl. Weizenmehl	darüber stäuben, unter Rühren hellgelb werden lassen
250 ml (¼ l) Rotwein **250 ml (¼ l) Fleischbrühe**	hinzugießen, gut verrühren, zum Kochen bringen
1 Lorbeerblatt **5 Pfefferkörner**	hinzufügen
1 Teel. Tomatenmark **½ Teel. Zucker**	unterrühren, das Fleisch hinzufügen den Schmortopf auf dem Rost in den vorgeheizten Backofen schieben, zugedeckt schmoren lassen
500 g Hallimasch	putzen, abspülen, in
kochendes Salzwasser	geben, einmal aufkochen lassen, auf ein Sieb geben, mit kaltem Wasser übergießen, abtropfen lassen etwa 30 Minuten vor Beendigung der Schmorzeit die Pilze zu dem Fleisch geben, mitschmoren lassen

Strom: 200-225, Gas: 4-5
Schmorzeit: Etwa 2 Stunden.
Beilage: Kartoffelklöße.

Hammelrücken mit grünen Bohnen

(Im Tontopf - Abb. oben)

1 kg Hammelkoteletts im Stück	unter fließendem kaltem Wasser abspülen, trockentupfen, etwa 24 Stunden in
1 l Buttermilch	legen das Fleisch unter fließendem kaltem Wasser abspülen, trockentupfen, von Haut und fast allem Fett befreien (es darf nur noch eine dünne Fettschicht am Fleisch bleiben), das Fleisch mit
Salz, Pfeffer **gerebeltem Thymian**	einreiben
2 Packungen (je 300 g) tiefgekühlte Brechbohnen	mit Salz,
Bohnenkraut	in den gewässerten Tontopf geben, das Fleisch darauf legen, den Tontopf mit dem Deckel verschließen, auf dem Rost in den Backofen stellen das gare Fleisch von den Knochen lösen, in Scheiben schneiden, mit den Bohnen auf einer vorgewärmten Platte anrichten, warm stellen nach Belieben die Bohnen-Fleischbrühe mit
etwas Weizenmehl (mit kaltem Wasser angerührt)	binden
2 Eßl. Schlagsahne oder Dosenmilch	unterrühren, die Soße mit Salz abschmecken

Strom: 200-225
Gas: 4-5
Garzeit: Etwa 1¾ Stunden.

Lammschulter mit Bouillonkartoffeln

(Abb. oben)

800 g Lammschulter (ohne Knochen)	unter fließendem kaltem Wasser abspülen, trockentupfen
2 Möhren	
1 Petersilienwurzel	beide Zutaten putzen, schrappen
1 kleine Stange Porree	putzen, waschen die drei Zutaten auf das Fleisch legen, zusammenrollen, mit Holzstäbchen feststecken
1 Bund Suppengrün	putzen, waschen, kleinschneiden, zusammen mit dem Fleisch in
1 ½ l kochendes Salzwasser	geben
1 Zwiebel	abziehen, mit
1 Lorbeerblatt	
3 Nelken	spicken, mit
10 Pfefferkörnern	zu dem Fleisch geben, kochen lassen das gare Fleisch herausnehmen, in Scheiben schneiden, auf einer vorgewärmten Platte anrichten, warm stellen
750 g Kartoffeln	schälen, waschen, würfeln
1 kg vorbereitetes Gemüse	Gemüse putzen, waschen, kleinschneiden 500 ml (½ l) der Fleischbrühe abmessen, die Kartoffelwürfel, das vorbereitete Gemüse hineingeben, zum Kochen bringen, gar kochen lassen die Lammschulter mit dem Gemüse und den Bouillonkartoffeln anrichten, mit
2 Eßl. gehackter Petersilie	bestreuen
Kochzeit für das Fleisch:	Etwa 1 ½ Stunden
für das Gemüse:	Etwa 20-25 Minuten.
Beilage:	Meerrettich-Soße.

Geschmortes Lammfleisch mit Zucchini

(Abb. rechts)

800 g mageres Lammfleisch (aus der Keule)	unter fließendem kaltem Wasser abspülen, trockentupfen, in Würfel schneiden
4 Eßl. Olivenöl	in einer feuerfesten Form erhitzen, das Fleisch darin portionsweise von allen Seiten anbraten
2 Zwiebeln	abziehen, grob hacken, zu dem Fleisch geben, glasig dünsten lassen
4-6 Tomaten	kurze Zeit in kochendes Wasser geben (nicht kochen lassen), in kaltem Wasser abschrecken, enthäuten, die Stengelansätze herausschneiden, die Tomaten grob zerkleinern, zu der Fleisch-Zwiebel-Masse geben
2 Knoblauchzehen	abziehen, fein hacken, mit
½ Teel. Salz	zerdrücken, zu der Fleisch-Masse geben, mit
Pfeffer	würzen
grob gehackte Petersilie	dazugeben
250 ml (¼ l) Fleischbrühe	hinzugießen, das Fleisch gar schmoren
4-6 kleine Zucchini	waschen, abtrocknen, in Scheiben schneiden
3 Eßl. Olivenöl	erhitzen, die Zucchinischeiben darin kurz anbraten, mit wenig
Salz	bestreuen, über das Gericht verteilen
geriebenen Käse	darüber streuen, auf dem Rost in den vorgeheizten Backofen schieben, überbacken lassen
Schmorzeit:	Etwa 1 Stunde
Strom:	225-250
Gas:	5-6
Überbackzeit:	5-10 Minuten.

Mit Pfiff gebraten und gegrillt: Lammfleisch

Lammrücken mit Kokosbirnen

(6 Portionen - Abb. unten)

1½ kg Lammrücken	unter fließendem kaltem Wasser abspülen, trockentupfen, entfetten, enthäuten, entlang der Rippen und des Rückgrats etwa 3 cm tief einschneiden, unter den Grill schieben
1 Eßl. Currypulver	mit
125 g flüssigem Honig	
2 Eßl. Zitronensaft	gut verrühren, nach etwa 20 Minuten Grillzeit den Lammrücken ab und zu mit der Marinade bestreichen
6 Birnen	schälen, längs halbieren, entkernen, in eine feuerfeste Form legen
4 Eßl. Butter	zerlassen, hell bräunen
6 Eßl. Kokosflocken oder Mandelsplitter oder Semmelbrösel	hinzufügen, unter ständigem Wenden goldgelb bräunen lassen, gleichmäßig über die Birnen geben, mit einer dünnen Schicht
Zucker	bestreuen, auf dem Rost in den vorgeheizten Backofen schieben, backen lassen, das gare Fleisch mit Alufolie zudecken, ruhen lassen nach etwa 10 Minuten aufschneiden, mit den garen Kokosbirnen garnieren
Grillzeit:	Etwa 35 Minuten
Strom:	175-200, Gas: 3-4
Backzeit für die Birnen:	Etwa 35 Minuten.
Beilage:	Stangenweißbrot.

Lammkeule mit Spinatfüllung

(Etwa 6 Portionen - Abb. rechts)

1½ kg Lammkeule (ohne Knochen) unter fließendem kaltem Wasser abspülen, trockentupfen, von Fett und Sehnen befreien, das Fleisch innen und außen mit

Salz
Pfeffer einreiben

2 Zwiebeln abziehen, fein würfeln

20 g Butter oder Margarine erhitzen, die Zwiebelwürfel darin goldgelb andünsten

375 g frischen Blattspinat sorgfältig verlesen, gründlich waschen, tropfnaß in einen Topf geben, zugedeckt dünsten lassen, bis die Blätter zusammenfallen, abtropfen lassen, grob hacken, mit

150 g Gorgonzola
2 Eßl. mittelscharfem Senf zu den Zwiebeln geben, zugedeckt dünsten lassen

2 Bund Basilikum
½ Bund Thymian beide Kräuter abspülen, trockentupfen, grob hacken

1 Knoblauchzehe abziehen, fein hacken oder durchpressen
Knoblauch und feingehackte Kräuter zu dem gedünsteten Spinat geben, mit Salz, Pfeffer würzen, mit dem elektrischen Handrührgerät mit Pürierstab zerkleinern
etwa ⅓ der Spinat-Masse in die Keule geben, das Fleisch mit Küchengarn zusammenbinden
die Hälfte der restlichen Spinat-Masse auf der Keule verteilen, den Rest der Masse kühl stellen
die Keule in die Rostbratpfanne legen

30 g Butter oder Margarine in Flöckchen darauf setzen
im vorgeheizten Backofen auf der mittleren Schiene braten lassen

1 kg kleine Kartoffeln schälen, waschen, leicht salzen, nach etwa 30 Minuten Bratzeit zu der Lammkeule geben, weiterbraten lassen
die gare Lammkeule aus der Rostbratpfanne nehmen, in Alufolie einwickeln, ruhen lassen
die garen Kartoffeln warm stellen
den Bratensatz mit

250 ml (¼ l) Wasser loskochen, in eine Pfanne umgießen, die restliche Spinatmasse

200 g Crème fraîche zugeben, unterrühren, zum Kochen bringen, evtl. etwas einkochen lassen
die Lammkeule in Scheiben schneiden, auf einer vorgewärmten Platte anrichten

Strom: Etwa 225
Gas: Etwa 4
Bratzeit: Etwa 80 Minuten.
Beilage: Kartoffeln, Tomaten.

Lammrücken mit Rosmarin

(Abb. oben)

1¾–2 kg Lammrücken	von Fett und Haut befreien das Fleisch unter fließendem kaltem Wasser abspülen, trockentupfen, mit
Salz **frisch gemahlenem Pfeffer**	bestreuen
3 Knoblauchzehen	abziehen, durchpressen, das Fleisch damit bestreichen
3 Tomaten	waschen, in Stücke schneiden
2–3 mittelgroße Zwiebeln	abziehen, achteln einen Bratentopf mit
3 Eßl. Speiseöl	ausfetten die Hälfte von
3 Eßl. Rosmarinnadeln	hineingeben, das Fleisch darauflegen, Tomaten- und Zwiebelstücke hinzufügen, mit den restlichen Rosmarinnadel bestreuen den Bratentopf auf dem Rost in den vo geheizten Backofen schieben sobald der Bratensatz bräunt,
etwas heißes Wasser	hinzugießen, den Lammrücken ab und zu mit dem Bratensatz begießen, verdampfte Flüssigkeit nach und nach ersetzen nach etwa 1¼ Stunden Bratzeit
2–3 Eßl. gehackte Petersilie **1 Eßl. gehackten Rosmarinnadeln**	mit

1 Ei	verrühren, mit Salz, Pfeffer würzen, auf das Fleisch streichen
2-3 Scheiben Toastbrot	in kleine Würfel schneiden, auf die Kräutermasse geben, etwas festdrücken, etwa 15 Minuten weiterbraten lassen
Strom:	200-225
Gas:	Etwa 4
Bratzeit:	Etwa 1 ½ Stunden den garen Lammrücken vorsichtig vom Knochengerüst lösen, wieder darauf geben, auf einer Platte anrichten den Bratensatz mit dem Gemüse durch ein Sieb streichen, mit Salz, Pfeffer abschmecken zu dem Fleisch reichen.
Beilage:	Röstkartoffeln, Grilltomaten, Broccoli-Gemüse, Folien-Kartoffeln.

Lammrücken »Frühlingsart«

(Abb. unten)

1½ kg Lammrücken	unter fließendem kaltem Wasser abspülen, trockentupfen, entfetten, enthäuten
	für die Marinade
1-2 Knoblauchzehen	abziehen, zerdrücken, mit
3-4 Eßl. Olivenöl	
125 ml (⅛ l) Weißwein	
1 Teel. Salz	
frisch gemahlenem Pfeffer	
gehackten Kräutern (Oregano, Thymian, Majoran, Rosmarin)	verrühren das Fleisch mit der Marinade bestreichen, 1-2 Stunden durchziehen lassen, nochmals mit der Marinade bestreichen das Fleisch in eine mit Wasser ausgespülte Rostbratpfanne legen, in den vorgeheizten Backofen schieben das Fleisch während des Bratens mehrmals mit der Marinade bestreichen, evtl. etwas Fett abschöpfen
Strom:	200-225
Gas:	3-4
Bratzeit:	40-45 Minuten das gare Fleisch aus dem Backofen nehmen, etwa 5 Minuten ruhen lassen das Fleisch von den Knochen lösen, in Scheiben schneiden, wieder auf das Knochengerüst legen, auf einer vorgewärmten Platte anrichten, warm stellen den Bratensatz mit wenig Wasser loskochen
2 Eßl. Speisestärke	mit
2 Eßl. Wasser	anrühren, die Bratenflüssigkeit damit binden die Soße mit Salz, Pfeffer abschmecken, nach Belieben
1-2 Eßl. Crème fraîche	unterrühren.

Lamm, gegrillt

(6 Portionen - Abb. unten)

2 Eßl. feingehackte Petersilie mit
1 Teel. Salz
250 ml (¼ l) Olivenöl
1 Teel. gehackten Rosmarinblättern
1 Teel. gehackten Liebstöckelblättern
½ Teel. grob gemahlenem Pfeffer
¼ Teel. gemahlenem Piment verrühren
12 Lammkoteletts unter fließendem kaltem Wasser abspülen, trockentupfen
die Koteletts entfetten, die darunter liegende Haut in Abständen von etwa 2 cm einschneiden, zusammen mit
6 Scheiben Lammrollbraten in dem Kräuteröl einige Minuten durchziehen lassen, den Rost mit
Speiseöl bestreichen, unter den Grill schieben
Grillzeit: Jede Seite 3-6 Minuten.

Lamm-Spieße

(Abb. rechts)

800 g Lammschulter (ohne Knochen) unter fließendem kaltem Wasser abspülen, trockentupfen, Fett und Sehnen entfernen, das Fleisch in etwa 4 cm große Scheiben schneiden
1 Zwiebel abziehen, fein würfeln
1 Knoblauchzehe abziehen, in Scheiben schneiden, mit
1 Teel. Salz bestreuen, unter einer Messerschneide zerdrücken
3 Eßl. Speiseöl mit Zwiebelwürfeln und zerdrückter Knoblauchzehe in eine Schüssel geben
1 Eßl. gemahlenem Curry
1 Teel. Ingwerpulver
2 Eßl. Zitronensaft hinzufügen, verrühren, das Fleisch darin wenden, zugedeckt etwa 4 Stunden stehenlassen
2 rote Paprikaschoten halbieren, entstielen, entkernen, die weißen Scheidewände entfernen, die Schoten waschen, in etwa 4 cm große Stücke schneiden
100 g Frühstücksspeck in etwa 4 cm große Scheiben schneiden
4 Zwiebeln abziehen, vierteln
4 Lorbeerblätter
alle Zutaten abwechselnd auf Spieße stecken
250 ml (¼ l) Speiseöl in der Pfanne erhitzen, die Lamm-Spieße darin bräunen lassen
Bratzeit: Etwa 10 Minuten.
Beilage: Curryreis mit Rosinen, Apfelsinen-Porree-Salat.

Lammkoteletts mit Ananas

(Abb. oben)

	Von
12 Lammkoteletts (je 60 g)	das Fett entfernen, die Koteletts evtl. unter fließendem kaltem Wasser abspülen, trockentupfen
3 Eßl. Olivenöl	mit
2 Teel. Kräuter-Essig **½ Teel. gerebeltem Rosmarin** **1-2 Teel. gerebeltem Basilikum**	verrühren, die Koteletts damit bestreichen, etwa 2 Stunden stehenlassen, mit
Salz	bestreuen
2 Eßl. Olivenöl	erhitzen, das Fleisch von beiden Seiten darin braten, auf einer vorgewärmten Platte anrichten, warm stellen
20 g Butter	erhitzen
4 kleine Scheiben Ananas (130 g, aus der Dose)	halbieren, in der Butter leicht anbraten
3 Eßl. Sherry	hinzufügen, etwas einkochen lassen die Lammkoteletts mit den Ananasscheiben anrichten, den Bratensatz darüber verteilen die Lammkoteletts mit
Basilikumblättchen	garnieren
Bratzeit:	Etwa 10 Minuten.
Beilage:	Kartoffel-Kroketten oder Reis oder geröstetes Knoblauchbrot, Salate.

Hammelbraten mit Zwiebelmus

1½-2 kg Hammelfleisch (aus der Keule)	unter fließendem kaltem Wasser abspülen, trockentupfen, Haut und Fett weitgehend entfernen
2-3 Knoblauchzehen	abziehen, in feine Stifte schneiden, kleine Einschnitte in die verbliebene Fettschicht machen, die Knoblauchstifte hineingeben das Fleisch mit
Salz, Pfeffer **gerebeltem Thymian**	würzen
2 Eßl. Speiseöl	in einem Bratentopf erhitzen, das Fleisch von allen Seiten gut darin anbraten
2-3 Zwiebeln	abziehen, vierteln
2-3 Möhren	putzen, schrappen waschen, in Stücke schneiden, mit den Zwiebelvierteln zu dem Fleisch geben, den Bratentopf in den vorgeheizten Backofen setzen sobald der Bratensatz zu bräunen beginnt, etwas von
250 ml (¼ l) Wasser	hinzugießen, verdampfte Flüssigkeit nach und nach ersetzen das Fleisch ab und zu wenden das gare Fleisch aus dem Bratentopf nehmen, zugedeckt kurze Zeit stehenlassen, in Scheiben schneiden, warm stellen
	für die Soße den Bratensatz mit dem Gemüse durch ein Sieb streichen, mit Wasser auffüllen, zum Kochen bringen, die Soße mit Salz, Pfeffer abschmecken
	für das Zwiebelmus
1 kg Zwiebeln	abziehen, in Scheiben schneiden
50-75 g durchwachsenen Speck	in Scheiben schneiden, mit
1 Eßl. Butter	auslassen, die Zwiebelscheiben darin andünsten, mit Salz würzen, nach Bedarf nach und nach etwas von
125 ml (⅛ l) Wasser	hinzugießen, die Zwiebeln zugedeckt gar dünsten lassen, den Speck herausnehmen, die Zwiebelmasse mit dem Schneidstab eines elektrischen Handrührgerätes oder im Mixer pürieren oder durch ein Sieb streichen, zum Kochen bringen
6 Eßl. Schlagsahne **Cayennepfeffer**	hinzufügen, kräftig mit Salz, abschmecken etwas von dem Zwiebelmus auf eine vorgewärmte Platte geben, die Fleischscheiben darauf anrichten das restliche Zwiebelmus mit der Soße dazureichen
Strom:	225-250, **Gas:** 5-6
Bratzeit für das Fleisch:	Etwa 2 Stunden
Dünstzeit für das Zwiebelmus:	Etwa 20 Minuten.

Lammkoteletts mit Koriander-Soße

(Abb. unten)

	Für die Soße
1 große Zwiebel	abziehen, sehr fein hacken
1 Eßl. Speiseöl	erhitzen, die Zwiebelwürfel darin goldgelb dünsten lassen, mit
3 Teel. gemahlenem Koriander	
1 Teel. gemahlenem Ingwer	
1 Teel. gemahlenem Kreuzkümmel	bestreuen, von der Kochstelle nehmen
1 Becher Sahnejoghurt	unterrühren, mit
Salz	abschmecken, die Soße warm stellen
4 Lammkoteletts	unter fließendem kaltem Wasser abspülen, trockentupfen, jeweils den Fettrand abschneiden, die darunterliegende Haut in Abständen von etwa 2 cm einschneiden, die Koteletts mit
2 Teel. Speiseöl	bestreichen, mit
Koriander	einreiben, auf dem Rost unter den vorgeheizten Grill schieben
	die garen Lammkoteletts auf einer Platte anrichten, mit der Soße übergießen, servieren
Grillzeit:	Von beiden Seiten 5-7 Minuten.
Beilage:	Fladenbrot oder Landbrot, Salate.
Tip:	Die Soße paßt auch zu gebratener Lamm- oder Rinderleber, die leicht mit Zitronensaft beträufelt, in Weizenmehl gewendet und knusprig braun gebraten wird.

Glasierte Lammschnitten mit Grill-Ananas

(Etwa 6 Portionen - Abb. rechts)

	Für die Soße
3 Eßl. Sherry	mit
2 Eßl. Sojasoße	
1 Teel. Instant-Hühnerbrühe	
1 Eßl. Zucker	
2 Eßl. scharfem Senf	verrühren, zum Kochen bringen
1 Teel. Speisestärke	mit
2 Eßl. Wasser	anrühren, die Soße damit binden zugedeckt beiseite stellen
2 Lammrollbraten (etwa 1¼ kg)	in etwa 1 cm dicke Scheiben schneiden, mit der Soße bestreichen, auf dem Rost unter den Grill schieben
1 Ananas	schälen, auf einen Grillspieß stecken
4 Eßl. Weißwein	erwärmen, mit
4 Eßl. festen Honig	
gemahlenen Nelken	verrühren die Ananas unter den Grill schieben, während des Grillens mit der Soße bestreichen
250 ml (¼ l) Schlagsahne	steif schlagen die gegrillte Ananas in Scheiben schneiden, mit der Schlagsahne, dem gegrillten Fleisch servieren
Grillzeit für das Fleisch:	Jede Seite etwa 10 Minuten
Grillzeit für die Ananas:	8-10 Minuten.
Beilage:	Körniger Reis oder Weißbrot.

Lammkoteletts in Apfel-Soße

4 doppelte Lammkoteletts	von den Fetträndern befreien, die darunterliegende Haut in Abständen von etwa 2 cm einschneiden
1 Zwiebel	abziehen, reiben, mit
4 Eßl. Speiseöl	
gemahlenem Ingwer	verrühren die Koteletts damit einreiben, etwa 1 Stunde zugedeckt durchziehen lassen
2 Eßl. Butter	erhitzen, die Lammkoteletts von beiden Seiten darin braten lassen, mit
Salz	bestreuen, warm stellen
	für die Soße
500 g Äpfel	waschen, vierteln, entkernen, in
etwa 6 Eßl. Wasser	weich dünsten lassen, durch ein Sieb streichen, mit
1½ Eßl. Zucker	
2 Eßl. Zitronensaft	
40 g Butter	verrühren, kurz erhitzen, mit
geriebener Muskatnuß	abschmecken, mit den Lammkoteletts servieren
Bratzeit für die Koteletts:	Von jeder Seite etwa 5 Minuten
Dünstzeit für die Soße:	8-10 Minuten.
Beilage:	Bohnen-Salat.

Lammrücken mit Kräutern und Ananaspüree

1½ kg Lammrücken	unter fließendem kaltem Wasser abspülen, trockentupfen, entfetten, enthäuten
1 Bund Kräuter (Oregano, Thymian, Majoran, Rosmarin)	die Kräuter waschen, abtrocknen, fein hacken, mit
½ Teel. gemahlenem Ingwer	
½ Teel. gerebeltem Salbei	

½ Teel. schwarzem Pfeffer	
1½ Teel. Salz	mischen, den Lammrücken damit einreiben das Fleisch fest zusammenbinden, in eine mit Wasser ausgespülte Rostbratpfanne legen, in den vorgeheizten Backofen schieben sobald der Bratensatz zu bräunen beginnt, etwas von
250 ml (¼ l) Instant-Fleischbrühe	hinzugießen, das Fleisch ab und zu mit dem Bratensatz begießen, verdampfte Flüssigkeit nach und nach ersetzen
340 g Ananasstücke (aus der Dose)	in einem Mixer pürieren, mit
1 Eßl. Soja-Soße	
2½ Teel. Senf	verrühren 30 Minuten vor Beendigung der Bratzeit den Lammrücken mit 3 Eßl. Ananaspüree bestreichen das gare Fleisch auf einer vorgewärmten Platte anrichten, warm stellen den Bratensatz mit Wasser loskochen, auf der Kochstelle zum Kochen bringen nach Belieben
etwas Weizenmehl	mit
kaltem Wasser	anrühren, den Bratensatz damit binden die Soße evtl. mit Salz, Pfeffer abschmecken restliches Ananaspüree und Soße zum Braten reichen
Strom:	200–225
Gas:	3–4
Bratzeit:	Etwa 1½ Stunden.

Lammkoteletts mit Olivenmus

(Abb. unten)

4 doppelte Lammkoteletts	unter fließendem kaltem Wasser abspülen, trockentupfen, von Fett befreien, die Ränder in Abständen von etwa 2 cm einschneiden die Koteletts von beiden Seiten mit
Salz, Pfeffer	bestreuen
2 Eßl. Speiseöl	erhitzen, die Lammkoteletts von beiden Seiten darin braten, warm stellen
150 g spanische Oliven, mit Paprika gefüllt	abtropfen lassen (4 Oliven zum Garnieren zurücklassen), zu dem Bratfett geben, zu grobem Mus zerdrücken, dünsten lassen Olivenmus über die Lammkoteletts geben, die Fleischstücke mit je einer von den zurückgelassenen Oliven garnieren
Bratzeit:	Von jeder Seite etwa 5 Minuten.

Hammelkoteletts mit Paprikagemüse

4 rote Paprikaschoten halbieren, entstielen entkernen, die weißen Scheidewände entfernen, die Schoten waschen, in dünne Streifen schneiden

1 Eßl. Butter oder Margarine zerlassen, die Paprikastreifen darin in etwa 25 Minuten gar dünsten lassen

1 Teel. Speisestärke mit

125 ml (1/8 l) Schlagsahne anrühren, das Gemüse damit binden, mit

Salz, Pfeffer abschmecken, das Gemüse auf eine vorgewärmte Platte geben, warm stellen

4 Hammelkoteletts unter fließendem kaltem Wasser abspülen, trockentupfen, vom Fett befreien, auf den heißen Grillrost legen, unter den vorgeheizten Grill schieben, zunächst von der einen, dann von der anderen Seite grillen

die Koteletts nach jeweils 1 Minute mit

Speiseöl bestreichen

die garen Koteletts mit Salz, Pfeffer,

Paprika edelsüß bestreuen, mit dem Gemüse anrichten

Grillzeit:

Strom: Jede Seite etwa 6 Minuten

Gas: 1. Seite etwa 4 Minuten, 2. Seite etwa 3 Minuten.

Beilage: Butterreis.

Lammkoteletts mit Frühlingszwiebeln

(Etwa 1 Portion - Abb. rechts)

2 Lammkoteletts unter fließendem kaltem Wasser abspülen, trockentupfen, jeweils den Fettrand abschneiden, die darunterliegende Haut in Abständen von etwa 2 cm einschneiden, mit

Salz, Pfeffer gemahlenem Koriander bestreuen

200 g kleine Kartoffeln schälen

2 Eßl. Butter erhitzen, die Koteletts darin anbraten, herausnehmen, in Alufolie einwickeln, warm stellen

die geschälten Kartoffeln in die Pfanne geben, zugedeckt etwa 20 Minuten schmoren lassen

100 g Champignons putzen, waschen, gut abtropfen lassen, in Scheiben schneiden

1 Eßl. Butter zerlassen, die Champignonscheiben darin andünsten, pürieren

2-3 Eßl. Schlagsahne unterrühren, mit gemahlenem Koriander würzen, warm stellen

1 Bund Frühlingszwiebeln putzen, das dunkle Grün bis auf etwa 15 cm abschneiden, die Knollen evtl. abziehen, die Frühlingszwiebeln waschen, gut abtropfen lassen, zu den Kartoffeln geben, etwa 5 Minuten mitschmoren

Lammkoteletts aus der Alufolie auswickeln, auf die Kartoffeln und Frühlingszwiebeln legen, mit der Champignon-Masse bestreichen, mit

geraspeltem Käse bestreuen, auf dem Rost unter den Grill schieben

Schmorzeit für die Kartoffeln: Etwa 20 Minuten

Schmorzeit für die Frühlingszwiebeln: Etwa 5 Minuten

Grillzeit: Etwa 5 Minuten.

Lammkeule mit Minzkruste

(4-6 Portionen - Abb. unten)

1 Lammkeule (etwa 2 kg)	unter fließendem kaltem Wasser abspülen, trockentupfen, enthäuten, evtl. Fett entfernen, mit
Salz Pfeffer Knoblauchsalz	einreiben, in eine mit Wasser ausgespülte Rostbratpfanne legen, in den vorgeheizten Backofen schieben sobald der Bratensatz bräunt, etwas Wasser hinzugießen, ab und zu den Braten mit dem Bratensatz begießen, verdampfte Flüssigkeit nach und nach ersetzen
500 g Schalotten oder kleine Zwiebeln	abziehen, nach etwa 1½ Stunden Bratzeit zu dem Fleisch geben
1 Bund Petersilie 1 Bund Dill	die Kräuter waschen, trockentupfen, fein hacken, mit
1 Teel. gerebeltem Rosmarin 1 Eßl. Semmelbrösel 2 Eßl. Minzsoße (aus dem Glas)	verrühren, etwa 15 Minuten vor Beendigung der Bratzeit auf das Fleisch streichen, etwas andrücken, mit
1 Eßl. zerlassener Butter	beträufeln
250 ml (¼ l) Rotwein	zu dem Bratensatz geben
etwa 200 g Karotten (aus der Dose)	abtropfen lassen, hinzufügen, mitschmoren lassen das gare Fleisch mit Zwiebeln und Karotten auf einer vorgewärmten Platte anrichten, warm stellen den Bratensatz mit
125 ml (⅛ l) Wasser	loskochen
1 Eßl. Weizenmehl	mit
250 ml (¼ l) saurer Sahne	verrühren, den Bratensatz damit binden, mit Salz, Pfeffer, Knoblauchsalz,
Rosmarin Minzsoße	abschmecken
Schmorzeit:	Etwa 2 Stunden.
Beilage:	Petersilienkartoffeln, Bohnen-Paprika-Salat.

Lammkoteletts mit Kräutern

8 Lammkoteletts	unter fließendem kaltem Wasser abspülen, trockentupfen, jeweils den Fettrand abschneiden, die darunter liegende Haut in Abständen von etwa 2 cm einschneiden die Koteletts mit
Salz frisch gemahlenem Pfeffer	bestreuen
2 Eßl. Margarine	erhitzen
1 Knoblauchzehe	abziehen, zerdrücken, hinzufügen die Lammkoteletts in der Butter von jeder Seite etwa 5 Minuten braten lassen, herausnehmen, warm stellen den Bratensatz mit
125 ml (⅛ l) halbtrockenem Weißwein 125 ml (⅛ l) heißer Instant-Fleischbrühe	loskochen
1 Teel. gehackter Kerbel 1 Teel. gehacktes Basilikum 1 Teel. gehackter Estragon 1 Teel. gehackte Petersilie abgeriebene Schale von ½ Zitrone (ungespritzt)	Kräuter und abgeriebene Zitronenschale in den aufgefüllten Bratensatz geben, etwa 10 Minuten kochen lassen
2 Eßl. Butter	hinzufügen die Lammkoteletts mit
Tomatenachteln oder -vierteln Estragonzweigen	garnieren, die Soße dazureichen
Bratzeit für die Lammkoteletts:	Etwa 10 Minuten
Kochzeit für die Soße:	Etwa 10 Minuten.
Beilage:	Butterbohnen, Röstkartoffeln oder Stangenweißbrot.

Küchenratgeber

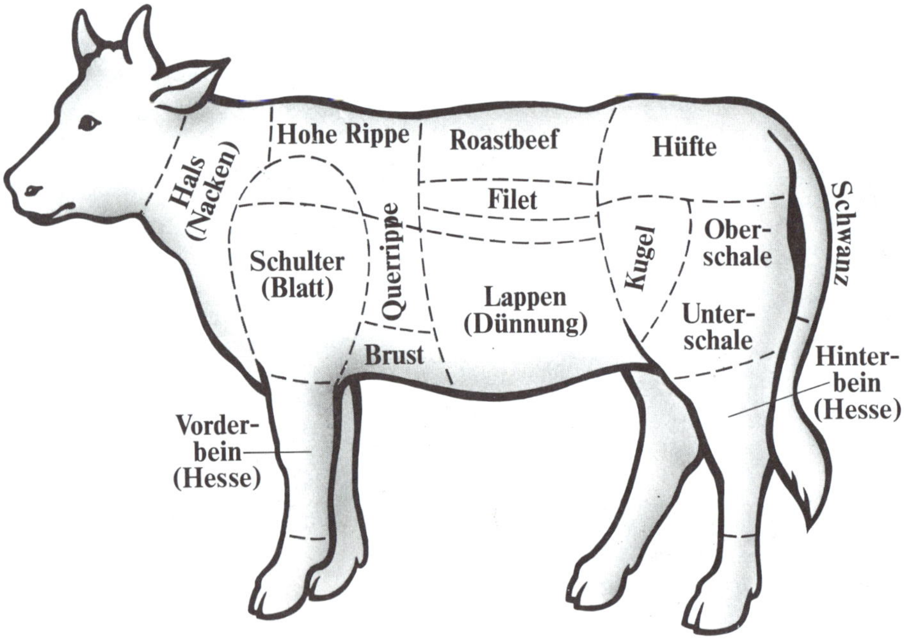

Rindfleisch

Unter der Bezeichnung Rindfleisch ist das Fleisch von Färsen (Kühe, die noch kein Kalb hatten), Kühen, Bullen (nicht kastrierte männliche Rinder) und Ochsen (kastrierte männliche Rinder) im Handel. Zur häuslichen Verarbeitung in Fleischgerichten wird vorwiegend Ochsen-, Jungbullen- und Färsenfleisch angeboten, während das Fleisch von Kühen und älteren Bullen vorzugsweise bei der Wurstherstellung Verwendung findet.

Wichtigste Erkennungsmerkmale für ein gutes Stück Rindfleisch sind die kräftig rote Farbe, eine feste Konsistenz, die sich sowohl beim Anfassen als auch beim Schneiden erweist, und Glanz auf den Schnittflächen. Es sollte - das gilt auch für die edleren Stücke wie Roastbeef oder Lendenstück - von feinen Fettadern durchzogen sein, zum Beweis, daß es von einem jungen, aber gut ausgemästeten Schlachttier stammt.

Für Rindfleisch gilt nicht, wie bei anderen Naturprodukten, daß es je frischer desto besser ist. Im Gegenteil: Frisches Rindfleisch, das bald nach der Schlachtung zubereitet wird, ist ausgesprochen zäh. Deshalb muß das Fleisch, bevor es zum Verbraucher kommt, »abhängen«. Die Abhängdauer ist nach Fleischstück und Verwendungszweck unterschiedlich. Fleisch für einen Braten sollte mindestens zwei Wochen abgehangen sein, für Kochfleisch genügen fünf bis sieben Tage.

Damit sich der Verbraucher beim Einkauf nicht allzu schwer tut, hat jedes Teil und jedes Stück vom Rind seine genaue Bezeichnung. Beim Rind, dem größten unserer Schlachttiere, haben wir es mit einer größeren Vielfalt von Fleischstücken und -qualitäten zu tun als bei jedem andern Tier. Deshalb ist es von Vorteil, wenn man sich in der Anatomie des Rindes etwas genauer auskennt.

Denkt man sich das Schlachttier der Länge nach zweigeteilt, so läßt sich jede dieser Längshälften nochmals in das Vorderviertel (75-85 kg schwer) und das Hinterviertel teilen. Die besten Stücke werden aus dem Hinterviertel (70-80 kg) geschnitten, darunter so feine Teile wie Roastbeef, Filet, Oberschale und Kugel. Aber auch diverse Stücke aus dem Vorderviertel wie Hohe Rippe oder Bugstück lassen sich äußerst schmackhaft zubereiten.

Die Fleischstücke vom Rind im einzelnen und was man am besten mit ihnen anfängt:

Zungenstück

Fehlrippe, der untere Teil des Halses, aus dem Vorderviertel geschnitten; am besten geeignet zum Kochen, Schmoren, Braten; für große Braten und Gulasch.

Hohe Rippe

Hochrippe, Teil des Rückens, aus dem Vorderviertel geschnitten; am besten geeignet zum Kochen, Schmoren, Braten, aufgeschnitten auch zum Grillen (Rippensteaks); man bereitet daraus Suppen, Schmorbraten, sonstige Braten.

Nacken

Hals, aus dem Vorderviertel geschnitten, am besten geeignet zum Kochen und Schmoren; man bereitet daraus Suppen, Gulasch.

Dicker Bug

Aus dem Vorderviertel geschnitten; am besten geeignet zum Schmoren und Braten; man bereitet daraus Rouladen, Braten, Sauerbraten.

Bugschaufel und Mittelbugstück

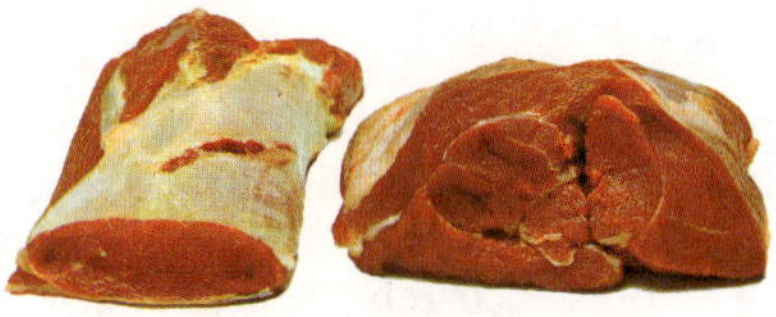

Aus dem Vorderviertel geschnitten; geeignet zum Kochen und Schmoren; man bereitet daraus Fleischbrühe, Schmorbraten.

Falsches Filet

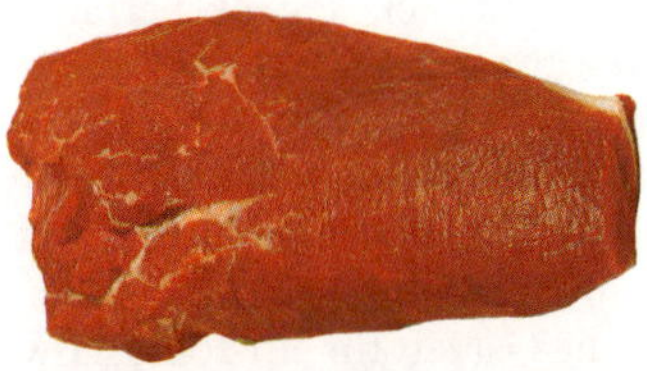

Aus dem Vorderviertel geschnitten; geeignet zum Kochen und Schmoren; man bereitet daraus Gemüseeintopf, Gulasch, Schmorbraten.

Mittelbrust, Brustspitze

Aus dem Vorderviertel des Rinds geschnitten, mit Fett durchwachsen; geeignet zum Kochen; man bereitet daraus Suppe und Gemüseeintopf.

Vorderbein

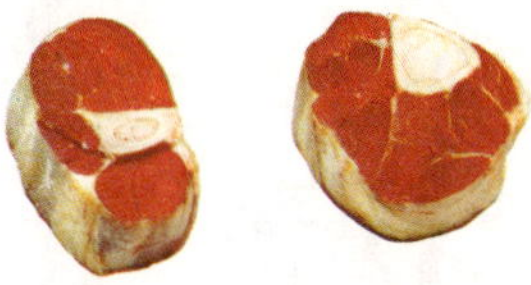

Hesse, Beinfleisch, aus dem Bein des Rinds geschnitten; geeignet zum Kochen und Schmoren; man bereitet daraus Suppe, Gulaschsuppe.

Lappen

Dünnung, aus dem Hinterviertel geschnitten; geeignet zum Kochen; man bereitet daraus Suppe.

Roastbeef

Aus dem Rücken geschnitten, geeignet zum Schmoren, Braten, Kurzbraten, Grillen; man bereitet daraus Braten, Rumpsteak, Entrecôte.

Filet

Aus dem Rücken geschnitten, zartestes Stück des Rinds; geeignet zum Braten, Kurzbraten, Grillen; man bereitet daraus Filetbraten und Filetsteaks.

Oberschale

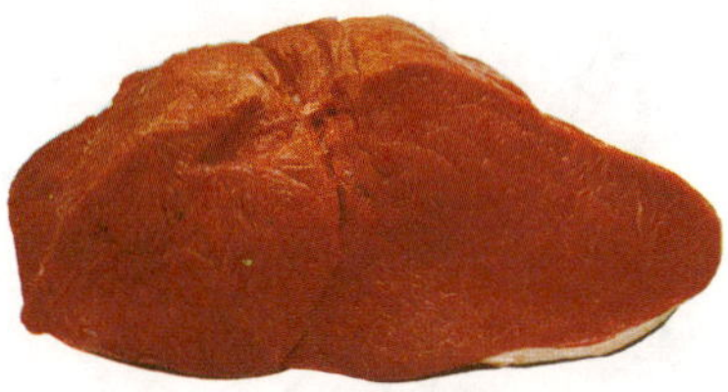

Kluft, aus dem Hinterviertel geschnitten; geeignet zum Schmoren, Braten, Kurzbraten; man bereitet daraus Sauerbraten, Rouladen, Steaks, Beefsteak tatare.

Schwanzstück

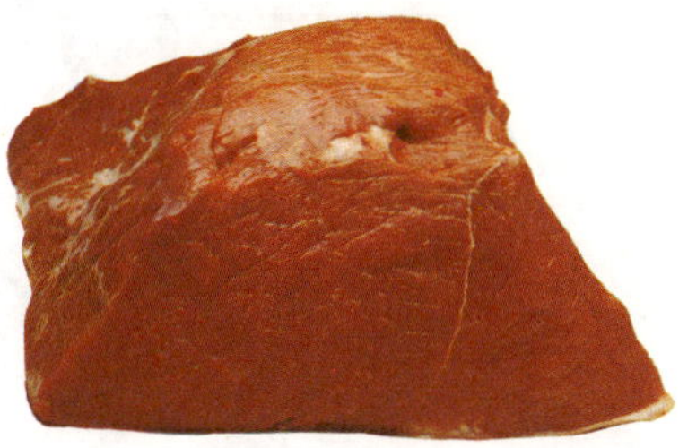

Unterschale, aus dem Hinterviertel geschnitten; geeignet zum Kochen, Schmoren, Braten; man bereitet daraus Tafelspitz, Schmorbraten, Sauerbraten, Rouladen.

Schwanzrolle

Aus dem Hinterviertel geschnitten; geeignet zum Schmoren und Braten; man bereitet daraus Schmor- und Rostbraten.

Kugel

Nuß, mit Bürgermeisterstück, aus dem Hinterviertel geschnitten; geeignet zum Schmoren, Braten und Kurzbraten; man bereitet daraus Schmorbraten, Rouladen, Steaks, Fondue.

Hüfte und Hüftdeckel

Aus dem Hinterviertel geschnitten; geeignet zum Kochen, Schmoren, Braten, Kurzbraten; man bereitet daraus Tafelspitz, Braten, Rouladen, Steaks.

Schwanz

Ochsenschwanz, geeignet zum Kochen, Schmoren, Braten; man bereitet daraus Suppe, Ragout.

Kleine Steakkunde

Steaks sind heute nicht nur deshalb so beliebt, weil sie schnell und relativ problemlos zubereitet werden können, sondern weil sie aus besonders zarten Stücken des Rindes geschnitten werden und ihr Fleischgeschmack perfekt ist - wenn man sie richtig zubereitet.
Im allgemeinen versteht man unter der Bezeichnung Steak ein Stück Fleisch aus dem Filet oder dem Roastbeef, das in kürzester Zeit gegart werden kann. Noch mehr als für andere Rindfleischgerichte gilt für Steaks, daß sie nur gelingen und schmekken, wenn sie von einem gut abgehangenen Stück stammen. Der Metzger schneidet sie quer zur Fleischfaser ab.

Man unterscheidet folgende Filetsteaks:

Filetsteak, Lendenschnitte, die etwa 2 cm dicke Scheibe wird vom breiten Ende des Filets geschnitten; sie wiegt zwischen 150 und 200 g; ihre Garzeit beträgt 2-3 Minuten pro Seite.

Chateaubriand, dieses doppelte Filetsteak stammt aus der Mitte des Filets und sollte rund 400 g wiegen; seine Garzeit beträgt 5-6 Minuten pro Seite.

Tournedos, das Stück vor der Filetspitze, aus dem man Steaks von etwa 125-150 g Gewicht schneidet; ihre Garzeit beträgt 2-3 Minuten pro Seite.

Filet Mignon, Filet Medaillon, stammt von der Filetspitze und wiegt 80-100 g; seine Garzeit beträgt etwa 2 Minuten.

Auch das Roastbeef vom Rücken des Rindes liefert Steaks von ausgezeichneter Qualität. Dieses Fleischstück hat außen einen Fettrand und eine feste Sehne. Der Fettrand sollte vor dem Braten nicht entfernt, sondern nur mehrfach eingeschnitten werden, damit sich das Fleisch nicht aufwölbt. Steaks aus dem Roastbeef sind:

Rumpsteak, die Fleischscheibe ist etwa 3 cm dick und 200-250 g schwer; sie hat einen hellen Fettrand; die Garzeit beträgt etwa 4 Minuten pro Seite.

Entrecôte, die dicke Fleischscheibe (bis 6 cm) wird aus dem Zwischenrippenstück geschnitten und hat ein Gewicht von rund 500 g; die Garzeit beträgt rund 10 Minuten pro Seite.

T-Bone-Steak, eine aus Amerika zu uns gekommene Steakform; an dem in der Mitte durchlaufenden Knochen sitzen die Fleischscheiben von Filet oder Roastbeef; das Ganze wiegt rund 500-600 g; die Garzeit beträgt rund 8 Minuten pro Seite.

Porterhouse-Steak, ein überdimensionales T-Bone-Steak, das bis zu einem Kilo schwer und rund 6 cm dick ist; die Garzeit beträgt rund 12 Minuten pro Seite.

Um ein perfektes Steak auf den Tisch zu bringen, braucht man von Anfang an starke Hitze, also eine Pfanne mit sehr heißem Fett oder den auf hohe Temperaturen vorgeheizten Grill. Nur unter Hitzeeinwirkung können sich die Poren sofort schließen und den Fleischsaft damit im Innern des Steaks festhalten. Marinierte Steaks müssen vor dem Braten trockengetupft werden. Gewürzt werden alle Steaks erst nach dem Braten oder Grillen.

Steak-Liebhaber haben ihre eigene Steak-Terminologie, nämlich unterschiedliche Bezeichnungen für den jeweiligen Garungszustand:

Raw oder blau wird das Steak von manchen Kennern bevorzugt; die Fleischscheibe ist dann außen braun, innen aber noch roh; dieses Steak hat eine besonders kurze Garzeit, für ein Steak von 2 cm Dicke und 200 g Gewicht rechnet man 1 Minute pro Seite.

Rare oder blutig bedeutet, daß die Fleischscheibe (rund 2 cm dick, rund 200 g schwer) außen braun, innen rosa und nur in der Mitte noch roh ist; die Garzeit beträgt rund 2 Minuten pro Seite.

Rare medium oder rosa gebraten ist ein Steak, wenn es im Innern noch einen breiten rosa Streifen aufweist, während es außen braun ist; die Garzeit für ein 200 g schweres, 2 cm dickes Steak beträgt rund 3 Minuten pro Seite.

Medium oder hellrosa besagt, daß ein Steak bis auf einen schmalen rosa Streifen in seinem Kern durchgebraten oder -gegrillt ist; die Garzeit für ein 200 g schweres, 2 cm dickes Steak beträgt 4 Minuten pro Seite.

Well done ist ein Steak, das innen ganz durchgebraten und außen braun ist; die Garzeit beträgt bei einem Gewicht von 200 g und 2 cm Dicke rund 5 Minuten pro Seite.

Kalbfleisch

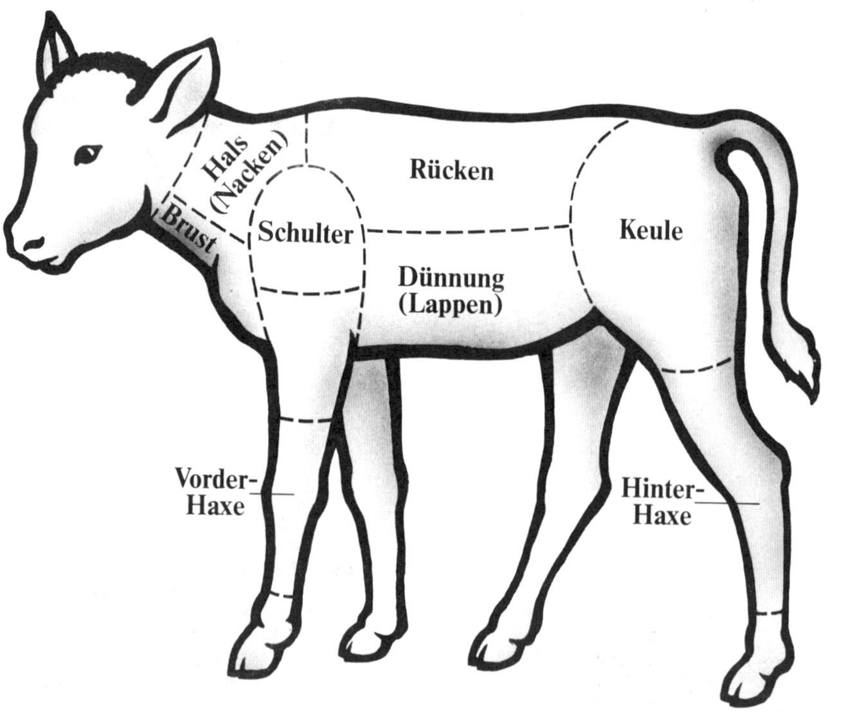

Das Kalb, der junge Abkömmling des Rinds und bis zu drei Monaten alt, liefert ganz besonders zartes und saftiges Fleisch. Erstklassiges Kalbfleisch ist an seiner hellrosa Farbe zu erkennen, die Voraussetzung für gute Qualität ist. Die Fleischfarbe läßt nämlich auch auf den Anteil der Milch bei der Mast des Kalbes schließen. Die Schnitt-

flächen des Fleisches sollten beim Anschnitt feucht sein. Beim Kauf ist darauf zu achten, daß das Fett weiß ist. Cremefarbenes oder gar gelbes Fett stammt bestimmt nicht von einem jungen Kalb.
Leider ist das Kalbfleisch in den letzten Jahren durch unzulässige und unverantwortliche Maßnahmen mancher Mastbetriebe (Antibiotika) in Verruf gekommen; die Kontrollmaßnahmen haben zwar ihre Wirkung getan, dennoch sollte man Kalbfleisch nur beim Metzger seines Vertrauens kaufen.
Grundsätzlich gilt, daß man Kalbfleisch kräftig anbrät und dann im offenen Topf schmort, damit es durch das Rösten zusätzliche Aromastoffe bekommt. Auch Stücke, die sich in erster Linie zum Kochen eignen, sollten zuerst im eigenen Fett angebräunt und dann erst gekocht werden.
Die edelsten und kulinarisch interessantesten Stücke beim Kalb sind die Keule mit Oberschale oder Frikandeau, Unterschale, Nuß und Hüfte einerseits und andererseits der Rücken mit Kotelettstück, Filet und Kalbsnierenbraten. Die Stücke vom Kalb im einzelnen und was man aus ihnen zubereiten kann:

Hals

Nacken, aus dem Vorderviertel geschnitten; eignet sich zum Kochen und Schmoren; man bereitet daraus Suppe, Gulasch, Frikassee.

Brust

Aus dem Vorderviertel geschnitten; eignet sich zum Kochen, Schmoren, Braten; man bereitet daraus Gemüseeintopf, Gulasch, Ragout, gefüllte Kalbsbrust.

Schulter

Bug, aus dem Vorderviertel oberhalb der Kalbshaxe geschnitten; eignet sich zum Schmoren und Braten; man bereitet daraus Ragout, Braten, Geschnetzeltes.

Kotelett

Kamm, eines der hochwertigen Stücke aus dem Rücken, eignet sich zum Braten, Kurzbraten, Grillen; man bereitet daraus feine Kalbsbraten und Koteletts.

Filet

Lende, das aus dem Kotelettstück ausgelöste Filet ist das teuerste am ganzen Kalb, man sollte es nur kurzbraten oder grillen; man bereitet daraus Kalbsmedaillons, Fondue oder brät es im Ganzen.

Nierenbraten

Das Kalbsrückenstück mit eingewachsener Niere eignet sich zum Braten und ergibt den Kalbsnierenbraten. Man kauft ihn am besten wie gewachsen, also mit dem Filetstück, der Niere und den dazugehörigen Knochen. Als Rollbraten, wie ihn Metzger häufig anbieten, zerfällt er nach dem Braten beim Schneiden leicht in die Einzelteile.

Oberschale

Frikandeau, gänzlich fettfreies Stück aus der Keule geschnitten; es eignet sich zum Braten, Kurzbraten und Grillen; man bereitet daraus die berühmten Wiener Schnitzel, aber auch feine Kalbsbraten, Frikassee, Kalbsragout und Kalbspörkelt sowie Geschnetzeltes.

Nuß

Aus der Keule geschnitten; sie eignet sich zum Braten oder Kurzbraten; man bereitet daraus Schnitzel, feines Gulasch oder Geschnetzeltes.

Haxe

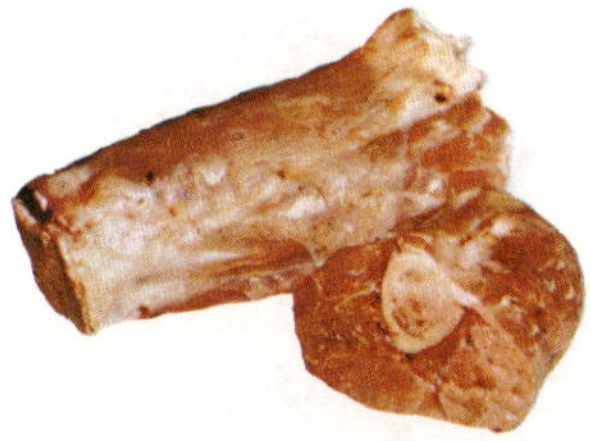

Sowohl die Vorderhaxe als auch die Hinterhaxe sind zum Kochen, Schmoren und Grillen geeignet; man bereitet sie im Ganzen (gegrillte Kalbshaxe) oder in Scheiben geschnitten (Osso buco) zu.

Die feinen Kalbssteaks

Sie übertreffen die Steaks vom Rind noch an Zartheit, sind aber weniger kräftig im Geschmack. Kalbssteaks werden durchgebraten serviert; die besten schneidet man aus dem Filet.

Kalbsmedaillons, diese Filetsteaks sollen etwa 3 cm dick sein und 150 g wiegen; ihre Garzeit beträgt dann etwa 4 Minuten pro Seite.

Kalbssteak, das Steak aus der Nuß oder aus der Oberschale soll etwa 1 cm dick sein und 150 g wiegen; die Garzeit beträgt etwa 3-4 Minuten pro Seite.

Kalbsrückensteak, das Steak aus dem Kotelettstück des Rückens, das ausgelöst wird, ist etwa 2 cm dick und sollte 180-200 g wiegen. Seine Garzeit beträgt 6 Minuten pro Seite.

Kalbsschnitzel, das Fleisch des berühmten Wiener Schnitzels wird aus der Keule geschnitten und mit einer Panade versehen; es sollte etwa 120-140 g wiegen, muß gut geklopft werden, und seine Garzeit beträgt 2 Minuten pro Seite.
Aus der Keule stammen auch die Paprikaschnitzel, die mit Zwiebeln gebraten, mit Paprika bestreut und mit Sahne übergossen werden.

Schweinefleisch

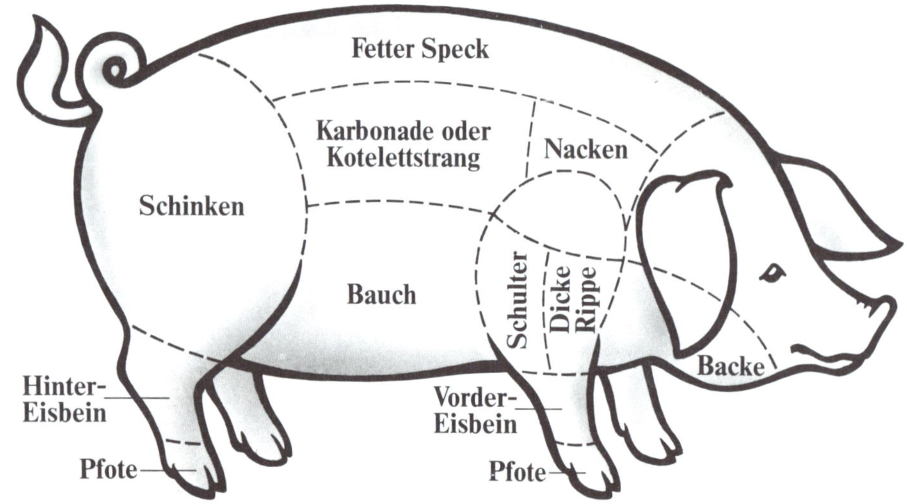

Schweinefleisch ist das am meisten verkaufte und meistgegessene Fleisch in der Bundesrepublik. Es soll möglichst schlachtfrisch zubereitet werden, muß also nicht abhängen wie das Rindfleisch.

Ein junges Schwein liefert besonders zartes Fleisch von hellroter Farbe, das leicht marmoriert ist; das Fett an einem guten Stück Schweinefleisch sollte hell und weiß sein. Wenn größere Bratenstücke mit einer Fettschicht versehen sind, trocknen sie beim Zubereiten nicht aus und werden aromatischer.

Schweinefleisch - vor allem das Nackenstück und die Schulter - sollten von kräftiger Farbe sein und Fettadern aufweisen. Allzu blasses Schweinefleisch ist meist wässrig, und es schrumpft beim Braten zusammen; solches Fleisch stammt von minderwertigen Schweinen.

Die großen Teilstücke des Schweins sind Kopf, Nacken, Schulter, Schinken, Kotelettstrang, Bauch und Eisbein. Aus ihnen werden die für spezielle Garmethoden und Gerichte geeigneten Stücke geschnitten.

So gut ein Filet vom Schwein oder die Schnitzel aus der Keule oder vom Kotelettstrang schmecken, keineswegs zu verachten sind auch die Gerichte aus den weniger edlen Stücken.

Da sind zum Beispiel die Haxen, aus denen die mit Recht so berühmten bayerischen Schweinshaxen zubereitet werden, das Bauchfleisch, das jeden Gemüse-Eintopf verfeinert und auch als falsches Kotelett dient und Schweinebacke oder Dicke Rippe.

Schweinskopf und Schweinebacke

Geeignet zum Kochen; man bereitet daraus Schweinskopfsülze und verwendet das gekochte Fleisch für Wurst.

Dicke Rippe

Brustspitz, dieses Stück aus dem Vorderviertel mit einem Stück Schwarte und mit Knochen eignet sich zum Kochen, Schmoren und Braten; man bereitet daraus Eintopf, Suppe mit Hülsenfrüchten, Gulasch; besonders geeignet zum Füllen mit gehacktem Fleisch, Innereien, Backobst usw., man läßt sich vom Metzger eine Tasche schneiden.

Schulter

Bug, das Stück aus dem Vorderviertel eignet sich zum Braten und Schmoren; man bereitet daraus Schweinebraten (mit Kruste), Ragout, Gulasch, gepökelten Vorderschinken.

Nacken

Kamm, aus dem Vorderviertel geschnitten; geeignet zum Braten und Kurzbraten (in Scheiben); man bereitet daraus Schweinebraten, Kasseler Braten, Nackenkoteletts.

Kotelett

Aus dem Rücken geschnitten; geeignet zum Braten, Kurzbraten und Grillen; man bereitet daraus Kotelettbraten, Kasseler Braten, Stiel- und Lummerkoteletts (mit Filet) und Schnitzel.

Filet

Lende, das edelste Stück des Schweins; geeignet zum Braten, Kurzbraten und Grillen; man bereitet daraus Medaillons, Steaks, Lendenbraten, Fondue.

Bauch

Wammerl, der untere Teil des Schweins, mit Fett durchwachsen; geeignet zum Kochen, Schmoren, Braten und Kurzbraten (in Scheiben); man bereitet daraus Eintopf, Suppe mit Hülsenfrüchten (mit geräuchertem Bauch), Braten mit Schwarte, Rollbraten, Schnitzel.

Hüfte

Schinkenspeckstück, aus dem Schinken geschnitten; geeignet zum Braten und Kurzbraten; man bereitet daraus Schweinebraten, Schnitzel, geräucherten Schinkenspeck.

Oberschale

Aus dem Schinken geschnitten; geeignet zum Braten und Kurzbraten; man bereitet daraus große Braten und Schnitzel.

Unterschale

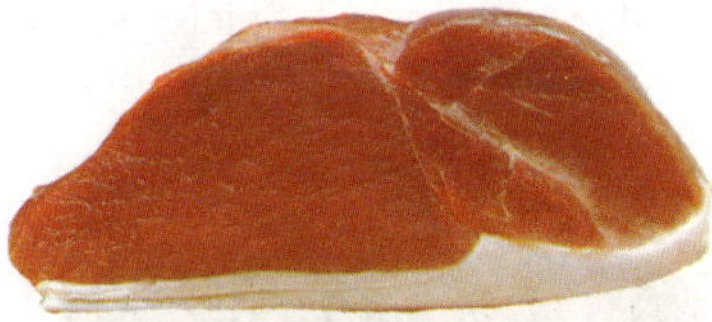

Aus dem Schinken geschnitten; geeignet zum Braten und Kurzbraten, Räuchern; man bereitet daraus große Braten und Schnitzel sowie Schinken.

Nuß

Aus dem Schinken geschnitten, geeignet zum Braten, Kurzbraten und Räuchern; man bereitet daraus Braten, Schnitzel, Nußschinken.

Eisbein
Haxe, aus den Vorder- und Hinterbeinen geschnitten; geeignet zum Kochen, Schmoren, Braten und Grillen; man bereitet daraus Eintopf wie Eisbein mit Sauerkraut, gegrilltes Eisbein (Schweinshaxe), geschmortes Eisbein, gepökeltes Eisbein.

Steaks vom Schwein

Schweinesteaks werden grundsätzlich durchgebraten oder -gegrillt und erst am Ende der Garzeit gewürzt.

Schweinesteak, das auch als Schnitzel bezeichnete Fleischstück, das etwa 2 cm dick aus dem Kotelettstrang (ausgelöst) geschnitten wird; die Garzeit beträgt 3-4 Minuten pro Seite.

Schweinemedaillons, aus dem Schweinefilet geschnittene Scheiben von rund 2 cm Dicke; die Garzeit beträgt 2-3 Minuten pro Seite.

Lammfleisch

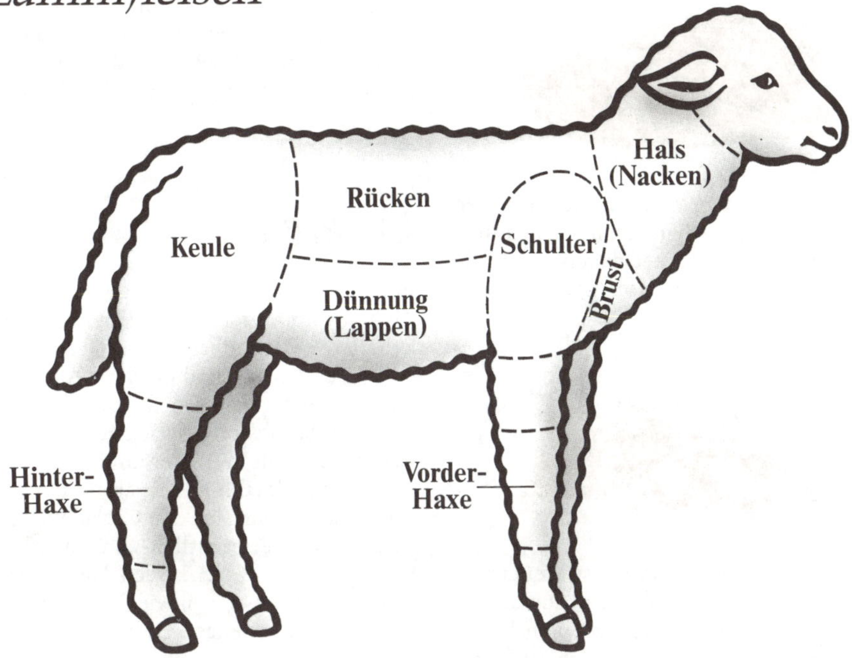

Lammfleisch stammt von jungen Schafen, die noch kein Jahr alt sind. Es hat also mit dem oft penetrant schmeckenden Hammelfleisch, wie man es früher kannte, nur wenig zu tun. Am besten schmecken Lämmer, die 6-7 Monate alt sind; man bezeichnet sie als Milch- oder Osterlamm.
Zu Recht erfreut sich Lammfleisch in letzter Zeit auch bei uns zunehmender Beliebtheit, nachdem es in anderen europäischen Ländern traditionell als Spitzenprodukt unter den Fleischarten geschätzt wird.
Die verschiedenen Stücke vom Lamm können auf unterschiedliche Weise zubereitet werden, in jedem Fall aber sollten aromatische Kräuter für die Würze sorgen. Lammfleisch braucht nur 2-3 Tage abzuhängen, während man beim Hammelfleisch 2-3 Wochen rechnet.
Das Fleisch ist zart, hellrot und kann so zubereitet werden, wie man es vom Metzger holt, wenn man nicht vorzieht, es in einer Marinade zu beizen. Das Fett sollte ganz weiß sein; es wird teilweise abgeschnitten und zum Braten verwendet. Man schöpft später überflüssiges Fett von der Soße ab. Lammgerichte müssen sehr heiß gegessen werden.
Eine Lammkeule ist dann am besten und zartesten, wenn sie nicht mehr als 2-3 kg wiegt, und für Lammkoteletts gilt: je kleiner desto zarter.
Die delikatesten Stücke stammen aus dem hinteren Viertel des Lamms, aber auch die Teile, die mehr Fett enthalten, wie Brust, Nacken oder Schulter, lassen sich gut zu Ragouts, Eintöpfen oder Braten verarbeiten. Zum Kurzbraten verwendet man am besten Koteletts und Scheiben aus der Keule, zum Braten eignen sich Rücken und Keule; geschmort werden Teile vom Hals, von der Brust und aus der Haxe, und zum Kochen verwendet man am besten Haxe, Lappen, Bug oder Hals.
Im einzelnen unterscheidet man folgende Teile:

Nacken

Hals, das knochige und recht fette Stück aus dem Vorderviertel geschnitten, eignet sich zum Kochen und Schmoren; geeignet für Eintopf und kräftig gewürzten Schmorbraten.

Brust

Preiswertes, ziemlich fettes Stück aus dem Vorderviertel; geeignet zum Kochen und Schmoren; man bereitet daraus Gemüseeintopf, Lammragout, gefüllte Lammbrust.

Schulter

Bug, Stück aus dem Vorderviertel, mit oder ohne Knochen; geeignet zum Kochen und Schmoren; man bereitet daraus orientalische Kebabgerichte, Lammragout, Schmorbraten.

Rücken

Sattel, eines der besten und teuersten Stücke, das man im Ganzen zubereitet, aber auch in Doppelkoteletts teilen kann; geeignet zum Braten oder Grillen (in Scheiben); man bereitet daraus große Braten oder Koteletts.

Kotelett

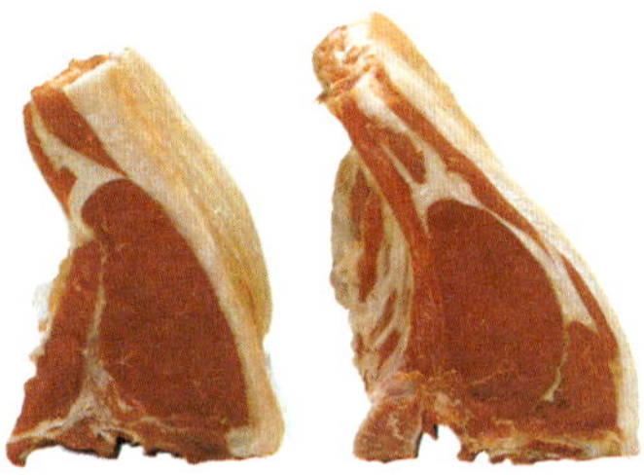

Aus dem Rücken geschnitten; Lammkoteletts in der typischen Kotelettform mit dem lang herausstehenden Knochen werden auch mutton-chops genannt, die halbierten Doppelkoteletts eignen sich zum Braten und Grillen; sie sind von einer dünnen Fettschicht umgeben, die zugleich das Bratfett liefert.

Keule

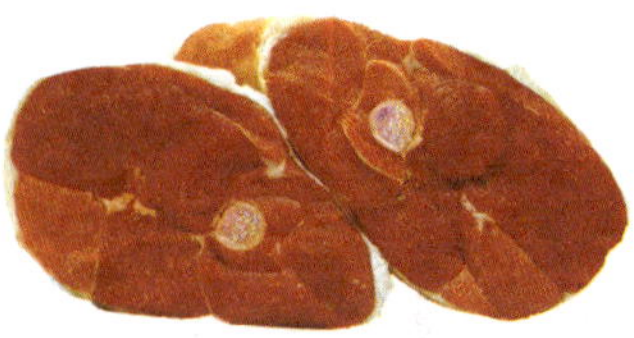

Schlegel, bestes Stück aus dem hinteren Viertel, wird mit Knochen im Ganzen angeboten oder in dicken Scheiben mit ausgelöstem Knochen; geeignet zum Braten, Kurzbraten oder Grillen; die Fettschicht wird zum Teil abgeschnitten und zum Anbraten verwendet; man bereitet daraus gebratene oder gegrillte Lammkeule oder, in Scheiben geschnitten, Lammsteaks.

Dünnung

Lappen, das Stück aus dem Bauch gehört zu den preiswerten Stücken vom Lamm; es eignet sich zum Kochen und Schmoren; man bereitet daraus Eintopf oder Rollbraten.

Innereien

Innereien, eigentlich reich an Vitaminen, Mineralstoffen und Spurenelementen und deshalb der Gesundheit förderlich, sind in letzter Zeit zunehmend in Mißkredit geraten, weil in einigen von ihnen, zumal in der Leber, Schadstoffe gespeichert werden. Da der Bleigehalt in Rinder- und Schweineleber etwa dreimal höher ist als im übrigen Fleisch, sollte man sich den Genuß von Leber nur noch gelegentlich gönnen, nicht öfter als alle 14 Tage. In den Nieren von Rindern und Schweinen wiederum wird in unzuträglichen Mengen Cadmium aus der Umwelt gespeichert; auch hier ist also Maßhalten angezeigt. Einmal pro Woche aber kann man sich ein schmackhaftes Nierengericht schon leisten. Innereien von jungen Tieren sind weniger schadstoffbelastet und deshalb in jedem Fall vorzuziehen.

Man holt sich die Innereien am besten gleich am Schlachttag vom Metzger, weil sie so frisch wie möglich gegessen werden sollten. Zu Hause werden sie am besten gleich zubereitet, sie sollten höchstens noch einen Tag in einer zugedeckten Porzellanschüssel im Kühlschrank aufgehoben werden.

Leber

Wird vor der Zubereitung gewaschen, trockengetupft und enthäutet. Sie hat nur eine kurze Garzeit, man kann sie nach Geschmack durchbraten oder so zubereiten, daß sie im Innern noch rosig ist. Wenn man die Leberscheiben vor dem Braten in Mehl wälzt, gibt es beim Einlegen ins heiße Fett keine Spritzer. Gesalzen wird erst am Ende der Brat- oder Grillzeit.

Am besten und delikatesten ist die Leber von Jungtieren, also vom Kalb und vom Lamm. Man kann **Kalbs- und Lammleber** auf die gleiche Art zubereiten, am besten, indem man sie in dünne Scheiben schneidet und kurzbrät oder grillt.

Schweineleber ist preiswerter als Kalbsleber, dafür aber auch weniger zart; sie hat eine dunklere Farbe. Besonders wohlschmecken ist sie, wenn man dünne Scheiben paniert und dann in reichlich heißem Fett ausbackt. Man kann sie aber auch in Butter braten oder schmoren oder mit Speck und Zwiebeln auf Spieße stecken und grillen. Schweineleber wird auch für Pasteten und Terrinen verwendet.

Rinderleber hat einen etwas strengen, gelegentlich fast bitteren Geschmack. Sie ist dunkler und fester als Kalbsleber. Man legt sie am besten vor der Zubereitung für eine halbe Stunde oder länger in Milch, das macht sie milder im Geschmack. Danach tupft man sie trocken und bereitet sie auf ähnliche Weise zu wie die übrigen Lebern.

Nieren

Haben eine angenehm feste Konsistenz und einen speziellen Eigengeschmack. Mit Ausnahme der glatten Schweineniere bestehen sie aus mehreren voneinander abgesetzten Kammern. Man bereitet sie vor, indem man sie halbiert, die Röhren im Innern ausschneidet und die Häutchen abzieht. Anschließend sollen sie mindestens eine halbe Stunde in kaltem Wasser liegen, das von Zeit zu Zeit erneuert werden muß. Besonders wohlschmeckend sind die Nieren von Lamm und Kalb. Sie werden nach dem Wässern und Abtrocknen geschmort oder gebraten. Schweinenieren sollte man vor dem Zubereiten einige Minuten blanchieren. Sie schmecken besonders gut mit einer säuerlichen Soße (Saure Nierchen). Rinderniere, die dunkler ist als Kalbs- und Schweineniere, wird wegen ihres starken Eigengeschmacks nach dem Halbieren,

Waschen und Enthäuten in Milch statt in Wasser gelegt und anschließend kurz blanchiert. Man sollte sie danach noch einmal kalt waschen, trockentupfen und dann in Scheiben oder Streifen geschnitten schmoren oder braten.

Herz

Gehört zu den besten und buchstäblich herzhaftesten Innereien. Es hat ein festes und kerniges Fleisch. Am kleinsten ist das Schweineherz mit einem Gewicht von knapp 500 g. Ein Rinderherz wiegt bis zu 1500 g, ein Kalbsherz etwa halb so viel.
Am besten schneidet man es vor der Zubereitung in zwei Hälften, die man gründlich unter fließendem Wasser wäscht. Alle Sehnen, Fetteile und Blutreste werden dann entfernt. Man bereitet aus dem Herz am besten Ragout, kann aber ein in würzigem Sud gekochtes Herz auch kalt aufschneiden oder in einer pikanten Soße servieren.

Lunge

Ist wegen ihrer lockeren und weichen Konsistenz nicht jedermanns Sache. Zumal in Bayern und Österreich aber schätzt man das »Beuscherl«, wie die Lunge dort genannt wird, als Zutat für ein säuerlich-pikant abgeschmecktes Ragout. Verwendung in der Küche findet nur Kalbs- und Schweinelunge, die zuerst gewaschen, dann in kochendes Wasser gelegt und mindestens 1 Stunde lang gekocht werden muß. Da sie sich nur schwer schneiden läßt, wird die gekochte Lunge über Nacht unter einem Brett, das mit Gewichten beschwert ist, gepreßt. Am folgenden Tag bereitet man dann eine Soße, die mit Essig und saurer Sahne abgeschmeckt wird und in die man die nudelig geschnittene Lunge einlegt. Dazu ißt man Semmelknödel.

Zunge

Gilt vielen als besondere Delikatesse; sie kann auf verschiedene Weise zubereitet werden. Frische Zunge wird gründlich unter fließendem kaltem Wasser abgespült und abgebürstet, bevor man sie in Salzwasser, dem Suppengrün zugesetzt ist, kocht. Schweine- und Kalbszunge werden je nach Gewicht zwischen 30 und 50 Minuten gekocht, die große Rinderzunge braucht dagegen rund 3 Stunden zum Garwerden. Man hebt sie anschließend aus dem Kochwasser, schreckt sie kurz unter kaltem fließendem Wasser ab und kann dann die Haut abziehen.
Aus der Kochbrühe bereitet man eine würzige Soße, in der die in Scheiben geschnittene Zunge angerichtet wird. Rinderzunge gibt es auch gepökelt zu kaufen; dann muß sie mehrere Stunden gewässert werden, bevor man sie wie frische Zunge kocht.

Bries

Nur junge Tiere, also Kalb und Lamm, besitzen diese Drüse, die ausschließlich im Wachstumsstadium des Tieres eine Funktion hat. In der Struktur ist Bries in etwa mit dem Hirn vergleichbar, in der Konsistenz ist es fester. Bries sollte immer gleich am Schlachttag zubereitet werden. Man legt es vor dem Braten für 2 Stunden in kaltes Wasser. Anschließend wird es bedeckt mit Wasser, dem man etwas Suppengrün zusetzen kann, eine gute Viertelstunde gegart. Es soll dabei mehr ziehen als kochen. Man nimmt es aus dem Wasser, läßt es abkühlen und kann nun die Häutchen abziehen, die um die einzelnen Teile liegen sowie alle knorpeligen Stücke entfernen. Nach dieser Vorbereitung wird das Bries in Butter gebraten, paniert und ausgebacken oder geschmort.

Hirn

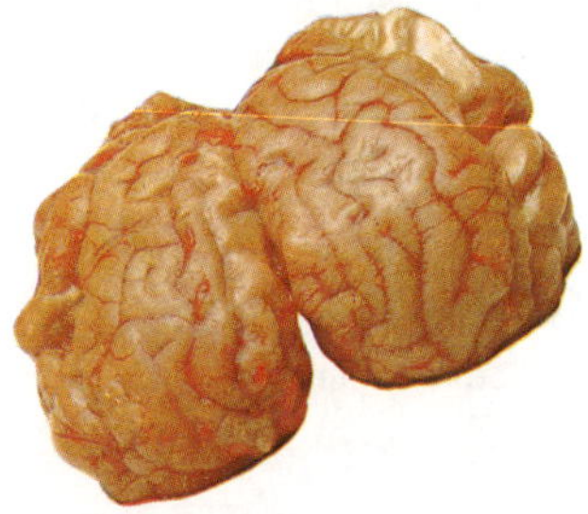

Wird wie alle Innereien so frisch wie möglich verzehrt. Man verwendet bevorzugt Kalbshirn. Es wird zunächst gewaschen und dann etwa eine halbe Stunde gewässert, damit die Blutreste sich lösen. Danach soll es etwa 10 Minuten in siedendem Wasser, dem man etwas Essig zusetzt, ziehen. Anschließend lassen sich die Häutchen und restliches Blut leicht entfernen. Hirn ißt man in Butter gebraten oder paniert und in Fett gebacken.

Milz

Wird ebenso wie Lunge vor allem in Süddeutschland und Österreich geschätzt. Milz kann zu den verschiedensten Gerichten verarbeitet werden. Zuerst wird sie gehäutet und dann gründlich unter fließendem Wasser gewaschen. Man kann sie füllen, aber auch ausgezeichnete Suppen-Einlagen (Milzschöberl) daraus bereiten.

Fleisch richtig vorbereiten

Mit dem Einkauf eines guten Stücks Fleisch ist es nicht getan. Man muß den Braten, das Kotelettstück, den Sauerbraten, die Schnitzel und Steaks auch richtig vorbereiten, damit ein perfektes Fleischgericht und ein Gaumenschmaus daraus wird.
Zubereitungsformen für Fleisch sind Kochen, Schmoren, Braten, Kurzbraten und Grillen.
Für Diätgerichte wird Fleisch gelegentlich auch gedünstet, also im eigenen Saft oder in wenig zugegossener Flüssigkeit gegart oder in einem Spezialtopf gedämpft.

Fleisch kochen

Einige Stücke vom Rind eignen sich vorwiegend zum Kochen; man bereitet daraus Fleischbrühen, Gemüseeintöpfe und als besondere Spezialität das Tellerfleisch der bayrischen oder den berühmten Tafelspitz der österreichischen Küche.
Bei einer Fleischbrühe kommt es vor allem darauf an, daß das Fleisch Kraft und guten Geschmack an die Kochflüssigkeit abgibt. Das Fleisch wird deshalb nach dem Waschen und Abtrocknen zusammen mit Knochen und Suppengrün in kaltem Wasser aufgesetzt. Das Wasser soll das Suppenfleisch gut bedecken. Sehr langsam wird die Flüssigkeit zum Kochen gebracht. Die Suppe muß so lange mehr ziehen als kochen, bis das Fleisch weich ist.
Kommt es weniger auf eine kräftige Brühe als auf ein saftiges Stück gekochtes Fleisch an, wird das gewaschene und abgetrocknete Fleisch gleich in kochendes Wasser gelegt und langsam gegart. Dabei ziehen sich die Fleischporen zusammen und verhindern so, daß das Fleisch auslaugt.
Gekochtes Schweine-, Kalb- oder Lammfleisch ißt man vorwiegend in Gemüseeintöpfen. Es wird, abhängig von der Garungszeit des Gemüses, einige Zeit vorgegart oder zusammen mit den Gemüsen zum Kochen gebracht und gegart.

Fleisch schmoren

Das zum Schmoren bestimmte Fleisch wird kurz unter fließendem kaltem Wasser abgespült, trockengetupft und dann mit den gewünschten Gewürzen eingerieben. Man gibt es anschließend in sehr heißes Fett und brät es rundherum scharf an. Dann gießt man Wasser an und gart den Braten bei geschlossenem Deckel. Hin und wieder wird die verkochte Flüssigkeit ersetzt.
Eine besondere Art der Vorbereitung verlangen Schmorbraten, die vorher in Beize gelegt werden sollen. Der besonders beliebte Sauerbraten kommt mindestens 24 Stunden vor der Zubereitung in eine Essigbeize; dadurch werden die Fleischfasern mürber, und das Fleisch nimmt den säuerlichen Geschmack der Marinade an. Der aus der Beize genommene und abgetrocknete Braten wird anschließend wie oben beschrieben geschmort. Dabei wird statt Wasser die durchgesiebte Beizflüssigkeit angegossen.

Fleisch braten

Es gibt zwei Möglichkeiten, Fleisch zu braten, entweder im Backofen oder in der Bratpfanne. Für die Zubereitung im Backofen reibt man das gewaschene und abgetrocknete Stück Fleisch mit den gewünschten Gewürzen ein, legt es dann in eine ausgespülte Rostbratpfanne und stellt diese in den vorgeheizten Backofen. Sobald die austretende Flüssigkeit verdampft ist und der Bratensatz braun wird, gießt man heißes Wasser zu und wiederholt dies bis zum Ende der Garzeit. Danach bleibt das Fleisch noch für 10 Minuten im ausgeschalteten Ofen stehen, es muß »ruhen«, weil man den Braten danach besser schneiden kann.

Fleisch, das in der Pfanne gebraten wird, kommt nach dem Waschen und Abtrocknen in sehr heißes Fett, damit sich die Poren sofort schließen und der Saft im Fleisch bleibt. Gewürzt wird erst, wenn der Braten auf einer Seite angebraten ist, und zwar nur auf die schon angebratene Seite. Gebratenes Fleisch sollte frisch aus der Pfanne verzehrt werden. Aus dem losgekochten Bratensatz kann man eine kräftige Soße machen.

Fleisch kurzbraten

Manche Fleischstücke, wie Koteletts, Schnitzel, Steaks, eignen sich am besten zum Garen im Schnellverfahren.
Sie werden ungewürzt in sehr heißes (aber nicht verbranntes) Fett gelegt und auf jeder Seite kräftig angebraten. Gewürzt werden sie dann erst kurz vor dem Anrichten.

Fleisch grillen

Im Zusatzgerät des Backofens, in einem separaten Elektrogrill oder auch auf dem Holzkohlenrost im Freien kann man Fleisch in kurzer Zeit schmackhaft zubereiten. Das Fleisch wird entweder ungewürzt, aber gut abgetrocknet auf den Grill gelegt oder vorher in Öl und Kräutern mariniert. Fleischstücke, die zum Grillen bestimmt sind, sollten nicht zu dünn geschnitten und auch nicht ganz ohne Fett sein, weil sie leicht trocken werden. Gewürzt wird erst kurz vor dem Anrichten.

Rezeptverzeichnis, alphabetisch

B

C

D

E

F

G

H

K

L

M

N

O

P

Q

R

S

Sch

St

T

U

W

Z